Pierre Pradervand



# Vivre le temps autrement

jouvence
EDITIONS

## Pierre Pradervand aux Éditions Jouvence

*Le grand oui à la vie*, 2009
*Vivre sa spiritualité au quotidien*, 2007 (nvelle éd.)
*Apprendre à s'aimer*, 2006
*Vivre le temps autrement*, 2004
*Messages de vie du couloir de la mort*, avec Roger McGowen, 2003
*Le bonheur, ça s'apprend*, 2001
*Plus jamais victime*, 2001

## Extraits du catalogue Jouvence

*Résoudre ses problèmes, c'est possible !*, Julian Sleigh, 2008
*Se désencombrer de l'inutile*, Rosette Poletti & Barbara Dobbs, 2008
*S'aimer tel que l'on est*, Chantal Calatayud, 2004
*Donner du sens à sa vie*, Rosette Poletti & Barbara Dobbs, 2002
*Vivre au positif*, Marie-France Muller, 1997

## Catalogue gratuit sur simple demande

ÉDITIONS JOUVENCE
*France* : BP 90107 – 74161 Saint Julien en Genevois Cedex
*Suisse :* CP 184 – 1233 Genève-Bernex
Site internet : **www.editions-jouvence.com**
Mail : info@editions-jouvence.com


ISBN 978-2-88353-406-3
*Mise en page :* Éditions Jouvence
*Dessins de couverture et intérieur :* Jean Augagneur

# TABLE DES MATIÈRES

*Je dédie ce livre à mon ami malien*
*Mahmoudou Kassambara, représentant*
*d'une culture où l'on prend encore le temps d'être,*
*où on se permet encore des moments spontanés*
*et non planifiés, où on s'autorise à grandir*
*au rythme des saisons, à exister*
*dans l'instant présent, bref,*
*où on se permet de VIVRE.*

# Introduction

## Un système atteint de chronofolie

• Dans le quotidien romand *Le Temps,* on pouvait lire il n'y a pas longtemps un article avec le titre étonnant : « Trop de salariés britanniques sont privés de pause pipi : perte de temps ! » Et l'article d'expliquer que plus de la moitié des Britanniques reprochaient à leur employeur de ne pas leur laisser le temps d'aller aux toilettes. La centrale syndicale britannique a même lancé une très sérieuse campagne baptisée « Gotta Go » (je dois y aller). Aux États-Unis, une employée d'une entreprise aérienne a été licenciée parce qu'elle passait aux toilettes deux fois le temps officiel quotidien autorisé (quinze minutes au lieu de sept). Elle a intenté un procès à l'entreprise… et l'a perdu.

• Fumio Komatsuzaki, manager d'un restaurant à Tokyo, offre à ses clients de manger autant qu'ils veulent, pour 35 yens la minute. Les clients se précipitent, timbrent à une machine, s'empiffrent de nourriture et avalent sans mot dire – parler serait une perte de temps. Les gens font la queue pour avoir accès au restaurant.

• Selon Jay Griffiths, ethnologue anglaise, auteur d'un livre remarquable sur le temps, *Pip Pip*, chez Olivetti, les employés portent des puces électroniques qui permettent à l'entreprise de vérifier à tout moment qu'ils ne perdent pas de temps. « *Cela érode la liberté par l'esclavage d'une auto-observation, une culpabilité latente qui cherche à éviter toutes les offenses à l'égard de l'horloge, en créant un sentiment de chronocriminalité* », écrit l'auteur.

• Des chercheurs canadiens de Nouvelle-Ecosse ont créé un saumon transgénique qui grandit et grossit 11 à 37 fois plus rapidement qu'un saumon normal, par greffage d'un gène accélérateur sur celui responsable de la production de l'hormone de croissance.

• SONY a créé un lecteur de CD qui offre une fonction effaçant la pause entre deux chansons parce qu'une pause d'une ou deux secondes est interminable pour certains. Ne parlons pas des *aficionados* des ordinateurs toujours plus rapides, pour lesquels une demi-seconde d'attente constitue un vrai purgatoire.

• L'entreprise Black and Decker a développé des aspirateurs miniatures qui permettent à leurs propriétaires de s'en offrir plusieurs qu'ils positionnent à des endroits stratégiques de leur maison pour éviter la « perte de temps » consistant à déplacer l'appareil pour chercher une nouvelle prise de courant.

Cette énumération pourrait aisément couvrir la moitié de ce petit ouvrage. Un Américain, James Gleick, a même écrit un livre de plus de 300 pages intitulé *Faster* (Plus vite) uniquement sur l'accélération de temps dans nos sociétés. Le lire donne le tournis.

Une vie richement remplie m'a emmené aux quatre coins du globe. Cela m'a permis de voyager et vivre dans des cultures extrêmement différentes et me pousse à affirmer sans hésiter que le « maldéveloppement » du temps (de plus en plus imité grâce à la mondialisation qui transfert les modes de vie occidentaux dans le monde entier) est incontestablement la pathologie la plus grave de l'Occident, qui ne brille pas par son équilibre social et humain. Cette course effrénée contre la montre devient de plus en plus la norme. Aux enfants, dès leur plus jeune âge, on dit « *Dépêche-toi* ». Dans le langage quotidien, on ajoute le mot « vite » à toutes les sauces : je vais vite faire la vaisselle, je vais vite aux toilettes, je vais vite à l'épicerie, je téléphone vite à maman… C'est tout juste si on ne fait pas vite l'amour. Par contre, le « speed dating » (« se courtiser à la va-vite ») nous en rapproche. Dans cette nouvelle coutume, des hommes et des femmes qui ne se connaissent pas se réunissent dans une salle et ont sept minutes pour se parler avant de changer de partenaire.

Notre société entière est comme un TGV qui va de plus en plus vite, sans que les passagers sachent vraiment où ils vont. Quant au conducteur, il n'y en a point : le train est sur pilote automatique, et personne ne sait s'il peut ralentir. « Faster is always better » a dit la PDG d'une des plus grandes multinationales mondiales (« Plus vite est toujours mieux »). On en reparlera le jour où nos montres seront réglées à la femtoseconde, actuellement la plus petite unité de temps (un millionième d'un milliardième de seconde). Qui dit mieux ?

L'objectif de ce livre est de vous donner des pistes et des outils pour *vivre un autre tem*ps – le vrai temps, celui de la vie, celui de la convivialité, avant tout celui de ***l'être*** dans le moment présent, où vous vous permettez de faire quelque chose de totalement imprévu sans vous sentir coupable de « perdre du temps ».

En vivant votre temps de façon différente, autre, plus joyeuse et intelligente, vous devenez à votre insu un agent de transformation sociale. Vous devenez un « créatif culturel », une de ces millions de personnes dont nous reparlerons et qui, par leur simple style de vie, aident la société à évoluer vers un peu plus d'équilibre et de santé mentale.

On a dit que l'on enseigne ce que l'on a le plus besoin d'apprendre. Si je me permets de dialoguer avec vous sur ce thème, chère lectrice, cher lecteur, c'est parce que j'ai passé d'une véritable « chrononévrose » qui a commencé pendant mon adolescence à une vie pratiquement sans « stress-temps ».

Ado, je chronométrais mes journées littéralement à la minute près. J'étais un des galériens représentés sur cette image.

Par exemple, je m'accordais exactement trente minutes pour le repas du soir, et une fois les trente minutes passées, je retournais à mes devoirs, même si ma famille était encore à table. Les grasses matinées étaient impossibles (sauf le dimanche) tant je m'étais créé mon propre système de « chronocriminalité ».

Ayant passé de ce système chronocarcéral à une vie vécue de plus en plus selon mes rythmes intérieurs, j'avais une forte envie de partager — avec un cercle plus grand que les participants de mes stages *Vivre Autrement* — ce qui me semble un des impératifs incontournables d'une vie équilibrée, saine : la ré-appropriation du temps et de l'instant présent.

# La cassure historique

La fameuse expression que Benjamin Franklin a formulée en 1748, « Time is money » (« Le temps, c'est de l'argent ») constitue ***le*** postulat sur lequel est basé non seulement toute l'économie, comme je le souligne dans le frère jumeau de ce livre, *Gérer mon argent dans la liberté*, mais de plus en plus toute notre société. Jamais dans l'histoire, la société n'a affirmé quelque chose de plus malsain, de plus pathologique que ces trois mots.

Comment le temps – qui symbolise le flux de la vie, l'instant présent et qu'on peut définir, à l'instar du penseur américain Mary Baker Eddy comme *la manifestation ou le déroulement du bien* – comment ce temps pourrait-il devenir de l'argent ?

Pourtant, économiser du temps constitue la base même de toute l'organisation économique depuis la révolution industrielle. Du métier à filer de l'anglais Arkwright à l'Explorer de Bill Gates, toute cette organisation est construite sur la croyance jamais remise en question que de faire plus de choses plus vite vaut mieux que de réaliser moins de choses à un rythme plus lent. Car il ne s'agit que de cela : une *simple croyance* devenue un dogme. Génération après génération, des managers y ont adhéré sans la remettre en question. Ce que le futuriste Alvin Toffler appelle « l'effet d'accélération » est tellement contraignant que les entreprises doivent impérativement chercher la vitesse à tout prix, l'hypervitesse.

Dans le cadre d'un système compétitif, cet impératif a force de loi. Toffler explique que « *quand le rythme de l'activité économique accélère, chaque unité de temps vaut de plus en plus d'argent* ». Ceci s'explique aisément.

Imaginez que, dans un marché très compétitif, vous êtes une PME fabriquant une pièce donnée pour la voiture Roulevite. Grâce à la robotisation de sa production, un de vos compétiteurs arrive à fabriquer la même pièce pour 50 % du prix. Il produira donc deux fois plus de pièces que vous, dans le même laps de temps, ce qui lui permettra de baisser substantiellement son prix de vente, tout en faisant un bénéfice nettement supérieur. Chaque heure de travail lui rapporte plus qu'auparavant. Dans le cadre des conventions qui régissent le système (parce que tout cela existe uniquement dans la tête des managers et nulle part ailleurs), le temps est vraiment devenu de l'argent. Quant à vous, ou vous faites aussi bien ou mieux, ou vous disparaissez.

Puisque nos sociétés sont entièrement dominées par l'économie (même certaines églises facturent maintenant les mariages et les enterrements !), cette obsession de gagner du temps et de l'argent s'étend à tous les secteurs de l'économie. Il faut à tout prix être plus efficace, ce qui sous-entend, dans le cadre des croyances qui régissent le système : aller plus rapidement.

Ainsi, les enseignants sont soumis à la pression du temps, puisqu'il faut réaliser des programmes de plus en plus chargés dans un temps qui reste fixe. Dans un de mes cours, une sœur catholique, aide à domicile, nous expliquait le fonctionnement de son mini-ordinateur sur lequel elle devait enregistrer tout ce qu'elle faisait : le temps pour la vaisselle, pour les soins du corps, pour le rangement, pour aller et revenir chez le client, etc. Les infirmières, de plus en plus débordées par le travail administratif, courent de plus en plus en déléguant leurs tâches de soins à des aides-soignantes qui n'ont souvent pas la formation pour effectuer les tâches demandées. Quant aux mères de famille qui cumulent tâches domestiques, éducation des enfants et activité professionnelle, n'en parlons pas !

Depuis de nombreuses années, j'ai le privilège de donner des cours de préparation à la retraite à des personnes de tous les milieux économiques. Tous sont unanimes dans la description d'un système qui presse ses employés de plus en plus comme des citrons et les jette sans scrupule quand il n'y a plus de « jus » (entendez : quand leur rentabilité diminue).

Une des dernières inventions dans le domaine de l'accélération du temps est le « multitasking » (faire plusieurs choses à la fois).

Que ne ferait-on pas pour être plus efficace ? L'ennui, c'est que des études réalisées au sujet de cette pratique à l'Université du Michigan à Ann Arbor ont montré qu'elle génère souvent une perte d'efficacité pouvant atteindre 50 % ! En voulant aller plus vite, on va moins vite et plus mal.

Gleick, dans son livre sur l'accélération du temps, décrit une société de l'instantané : du café instantané aux lignes express des restaurants fast-food, des plats précuisinés aux médicaments qui assomment parce qu'on ne veut pas laisser au corps le temps de se guérir, des grille-pain dernière génération (qui grillent si vite que la seule barrière à un raccourcissement du temps de cuisson est la conductivité naturelle du pain) à la gratification instantanée dans le domaine sexuel, la liste est interminable. Et le temps « gagné », on le passera devant sa télévision (temps moyen quotidien passé devant la télé en France et en Suisse : deux à trois heures). On ne vit plus, on zappe parmi des actes de consommation qui procurent de plus en plus rarement ce contentement profond qui constitue le fondement du vrai bonheur.

Toute une société qui court, court, court… et qui ne sait pas après quoi elle court !

Quand des amis africains débarquent en Europe pour la première fois, la première chose qui les surprend – que dis-je, les stupéfait – c'est de voir une société entière au pas de course.

Quelle ironie extraordinaire que cette société qui manque de plus en plus de la chose qu'elle estime le plus : le temps. Le PDG d'un des géants mondiaux des machines à fabriquer les CD, qui, matériellement, peut tout s'offrir, à la question : « *Que ne pouvez-vous pas vous offrir* » confessait : « *Le temps : j'ai énormément à faire.* » Vous voilà arrivé au sommet de la pyramide sociale et vous ne pouvez même pas vous permettre de *vivre*, tellement vous êtes enchaîné à votre tâche !

« ***Nous n'avons pas le temps de prendre du temps*** » disait le dramaturge Eugène Ionesco. Réfléchissez un instant au sens profond – et dramatique – de cette phrase. La société la plus riche, la plus puissante de l'histoire humaine qui court tellement qu'elle ne peut pas se permettre d'exister autrement qu'à cent à l'heure.

Le D^r^ Deepak Chopra, qui a écrit une série de best-sellers mondiaux dans le domaine de la santé et du développement personnel, affirme que nous subissons sans cesse une « hypnose socialement programmée » qui, trop souvent, nous fait nous comporter comme des zombies en pilotage automatique. Il y a peu de domaines où cela est aussi vrai que celui des comportements face au temps.

Christiane Singer, auteur de ce livre superbe dont le seul titre résume l'essentiel du message de mon livre : « *Où cours-tu ? Ne sais-tu pas que le ciel est en toi ?* » parle de la « nappe de mazout des conventions sociales ». Une nappe de mazout sur la mer tue toute vie à la surface de cette dernière. « *Qui épouse l'esprit du temps sera vite cocu* » pourrait-on dire en paraphrasant le philosophe danois Kierkegaard. Toute une civilisation qui court de plus en plus vite vers un but qu'elle ignore totalement, qui fabrique des machines pour « gagner du temps » ou manipule les gènes pour que les animaux et les plantes poussent plus rapidement – jamais dans l'histoire humaine – on n'a vu une telle folie collective passer pour normale.

Dans son livre *Pip Pip*, Jay Griffiths décrit l'existence d'un jeune trader d'une banque d'affaires londonienne. « *Hyperalerte, le débit accéléré, les yeux qui bougent sans cesse et le souffle court, il est comme sous amphétamines, sauf qu'il ne prend pas de drogues – son activité lui suffit. Il suit 70-80 flashs d'information par heure, surveille un environnement sonore qui se modifie sans cesse, peut négocier des affaires d'un montant de 80 millions de dollars en deux à trois minutes et fait des affaires avec vingt banques en moins de 60 secondes.*

*Il conduit rapidement, marche rapidement, parle rapidement et mange rapidement. Il avoue être drogué à l'adrénaline, travailler en mode hypervitesse, et admet que si on n'aime pas ce stress, on ne peut pas faire ce travail. C'est un amoureux de la vitesse. Il décrit ses défauts comme reliés à la pression du temps : il est facilement frustré par les gens, il explose rapidement et est intolérant. Il déteste la lenteur du trafic. S'il doit descendre Oxford Street [une des principales rues d'affaires de Londres], il ne peut marcher, mais court à la vitesse des bus. Ses téléphones personnels durent en moyenne cinq secondes. À la question de savoir si ses amis sont intimidés par la vitesse avec laquelle il fonctionne, il répond : « Oui, mais la moitié du temps, je ne le réalise même pas. Je vais trop vite* ».

Et on appelle cela *vivre* ?

**« La vie est courte, moins par le peu de temps qu'elle dure, que parce que ce peu de temps, nous n'en avons presque point pour la goûter. L'instant de la mort a beau être éloigné de celui de la naissance, la vie est toujours courte quand cet espace est mal rempli. »**

Jean-Jacques Rousseau, *L'émile*

## Quand l'efficacité devient inefficace

L'Américain moyen passe six semaines de sa vie devant des feux rouges, quatre à cinq mois dans des embouteillages. 700 millions de voitures dans le monde (chiffre peut-être dépassé au moment d'écrire ces lignes, vu l'engouement de la Chine à se motoriser) causent chaque année un demi-million d'accidents mortels, soit la perte de 15 millions d'années de vies humaines !

Quand la voiture a été inventée, on l'a décrite comme un moyen extraordinaire de gagner du temps. Mais contrairement à une croyance largement répandue, les conducteurs de voitures ne passent pas moins de temps pour aller d'un endroit à l'autre, car ils vont à des destinations de plus en plus éloignées. Ils parcourent donc de plus en plus de kilomètres (polluant de plus en plus un environnement qui se réchauffe à cause de tous ces déplacements). En d'autres termes, la vitesse est convertie en kilomètres et non pas en qualité de vie accrue. Par exemple, l'Allemand moyen, qui parcourait 2 000 kilomètres en voiture en 1950, en parcourt 15 000 aujourd'hui ; et en Suisse, environ le tiers des kilomètres-voiture sont parcourus sur des trajets de moins de trois kilomètres. A Paris, la vitesse moyenne de la voiture est de 18 km/h, contre 27 en métro !

Cette illustration tirée du domaine des transports pourrait être faite dans tant d'autres domaines, avec des résultats identiques : le temps « gagné » conduit à une production et une consommation accrues. Comme la journée reste « coincée » à 24 heures, cette consommation accrue pousse à la création de nouveaux appareils et systèmes pour « gagner du temps » ! Cela en vue de pouvoir jouir des nouveaux produits arrivant sur le marché. Le cercle vicieux est relancé : on va chercher de nouveaux moyens de « gagner du temps » afin de pouvoir consommer des produits toujours plus variés dont « l'espérance de vie commerciale » (c'est-à-dire le temps moyen qu'ils passeront sur les rayons) diminue de plus en plus rapidement.

***À tous les niveaux, l'accroissement de la quantité consommée s'effectue au détriment de la qualité de vie.***

Le Petit Prince nous avait déjà avertis du danger il y a deux générations, mais il est évident que les très sérieux hommes d'affaires, qui sont toujours des « réalistes » n'ont que faire des ratiocinations des poètes, qui sont par définition de doux rêveurs. Alors reprenons le fameux passage du livre du même nom où Saint-Exupéry pose à une société technicienne si fière d'être « efficace » la question fondamentale du sens de l'efficacité :

« - *Bonjour*, dit le petit prince.

- *Bonjour*, dit le marchand.

C'était un marchand de pilules perfectionnées qui apaisent la soif. On en avale une par semaine et l'on n'éprouve plus le besoin de boire.

- *Pourquoi vends-tu ça ?* dit le petit prince.

- *C'est une grosse économie de temps,* dit le marchand. *Les experts ont fait des calculs. On épargne cinquante-trois minutes par semaine.*

- *Et que fait-on de ces cinquante-trois minutes ?*

- *On en fait ce qu'on veut...*

*Moi*, se dit le petit prince, *si j'avais cinquante-trois minutes à dépenser, je marcherais tout doucement vers une fontaine...* »

Comme le remarquait il y a déjà près de deux générations Albert Einstein, notre société a atteint la perfection au niveau technique mais souffre d'une confusion profonde sur les fins. Hubert Beuve-Méry, le fondateur du journal *Le Monde*, disait la même chose avec d'autres mots quand il écrivait en 1989 : « *Il ne faut pas laisser nos moyens de vivre compromettre nos raisons de vivre.* »

Les économistes et les managers parlent sans cesse de gagner du temps pour être plus efficaces, pour améliorer la rentabilité. Ils ne parlent jamais de bonheur. Or, au niveau d'une société, à quoi sert une efficacité accrue si les hommes ne sont pas plus heureux ? Je crains terriblement que la société technicienne, qui se vante d'être la plus efficace de toute l'histoire, ne soit peut-être la plus inefficace en termes d'accroissement du vrai bonheur, de la connaissance de soi et du sens de la vie. « *Où cours-tu ? Ne sais-tu pas que le ciel est en toi ?* », et pas au supermarché ou aux Seychelles !

Avant tout, notre société est en train de tuer définitivement une des qualités les plus fondamentales de la vie, la spontanéité. Nous menons des vies tellement stressées et programmées à la minute près que nous devons attendre la retraite pour commencer à retrouver un peu de spontanéité – et encore ! Nous connaissons tous ces retraités suroccupés qui vous disent sur un ton très sérieux : « *Avant la retraite, je n'avais pas une minute. Maintenant, je n'ai plus une seconde.* »

Combien d'entre nous n'ont-ils pas fait l'expérience de rencontrer dans la rue une vieille connaissance qu'ils n'avaient pas revue depuis des années, pour s'entendre dire : « *Vraiment, je suis désolé. Je ne peux pas m'arrêter, j'ai un rendez-vous dans 30 minutes. On se téléphone la semaine prochaine. Ciao.* » Et bien sûr, on ne se téléphone pas.

Mais qu'est-ce qu'une vie sans spontanéité ? C'est une fleur sans parfum, un arbre sans feuilles, un visage d'enfant sans sourire. C'est encore un vieillard sans mémoire, un sein de mère sans lait, une fontaine sans eau. À vivre des vies tellement programmées, nous passons à côté du seul programme réellement important de l'existence : vraiment *vivre* !

## La course contre la montre comme parade à l'angoisse ?

Notre société vit la coïncidence de deux situations : une perte généralisée des points de repères, qui crée chez nombre de personnes une sourde angoisse ainsi qu'une fragilité étonnante de l'image de soi, comme je le constate depuis plus de 12 ans dans les stages que je donne sur ce thème dans le cadre des ateliers *Vivre Autrement.*

Depuis une cinquantaine d'années, les principaux repères religieux, éthiques, philosophiques, pédagogiques et autres ont disparu de la vie de la plupart de nos contemporains. Pour imparfaits qu'ils étaient, ces repères avaient au moins le mérite d'exister. Ils donnaient une certaine structure au quotidien, offraient des garde-fous éthiques et moraux. Presque tout cela a disparu, et nous vivons dans une société où tout passe, dans tous les domaines. Il n'existe plus aucune autorité morale supérieure. Je pense que ceci fait partie d'une période transitoire de l'évolution humaine, en attendant le jour – sans doute encore lointain – où cette autorité ne sera plus extérieure et objective (église, psychologue, médecin, parti, etc.) mais intérieure et subjective. Aujourd'hui, ces repères ne sont plus, et chacun cherche à s'orienter tant bien que mal en fonction de son idée de ce qui est juste.

Bien sûr, l'État offre une grille minimale de ce qui est permis ou non sur le plan social, mais c'est bien un minimum, d'autant plus que le changement devient si rapide – tout change, dans tous les domaines, à toute vitesse, partout – que la législation n'arrive plus à suivre. Tellement l'évolution (je ne dis pas le progrès) est rapide ! On le voit avec internet et la recherche génétique.

Cette disparition des points de repères se conjugue avec une société dont les individus ont une image de soi souvent peu assurée. On ne sait plus vraiment qui on est, souvent plus vraiment pourquoi on est sur terre (Quel est le sens de l'existence ? La raison d'être de ma vie ici-bas ?).

Ceci crée chez nombre de personnes un vide intérieur qu'il est tentant de dissimuler par un activisme frénétique et une consommation croissante, d'autant plus aisés que les publicitaires nous suggèrent à longueur de journée que nous existons par ce que nous consommons et possédons : on ne consomme plus la valeur d'usage des choses (cette voiture m'est utile pour aller de A à B), mais leur valeur d'image (j'ai l'Alfa Roméo dernier modèle, donc je suis quelqu'un de bien, moderne, dans le vent). Il existe même un certain snobisme, dans certains milieux des affaires, à présenter l'image d'une personne qui n'a jamais une minute à « perdre », tellement elle est occupée.

Certaines personnes sont tellement droguées à l'activisme et la vitesse qu'un moment sans rien faire suscite immédiatement de l'angoisse. Alors, on allume la radio le matin dès le réveil, on ramasse une revue qu'on feuillette distraitement dans la salle d'attente, on vérifie les SMS sur son portable (ou on en envoie)… n'importe quoi pour ne pas avoir à être seul face à soi-même.

Mais à la longue, la vitesse tue – au propre comme au figuré !

Elle tue la joie du voyage, l'espoir de trouver la paix, la découverte des verts pâturages qui attendent chacun de nous, au fond de nous-mêmes, et la satisfaction profonde d'être totalement présent au moment présent. La vitesse crie : « *Vas-y, tout de suite, quelque part, n'importe où – pourvu que le mouvement continue.* »

La petite voix de l'amour dit : « *le voyage lui-même est la seule destination. Sois totalement présent au moment présent.* »

Il y a quelque temps, j'ai reçu un courrier avec un texte anonyme qui m'a beaucoup parlé. Je l'ai modifié et complété, en espérant qu'il vous parlera également.

# Maintenant ou jamais

Ralentis ton rythme ! Quand as-tu, pour la dernière fois, regardé jouer des enfants sur un carrousel ou vraiment écouté la pluie tomber sur le toit, suivi un papillon voler gaiement ou admiré un coucher de soleil ?
À l'instar du Petit Prince, quand es-tu pour la dernière fois allé paresseusement vers une fontaine dont le chant te désaltérait l'âme ?
Ne danse pas trop vite, car la vie est courte pour celui qui la vit captif du temps.
Cours-tu toute la journée, toujours pressé ?
Lorsque tu demandes à quelqu'un : « *Comment ça va ?* », prends-tu vraiment le temps en dedans de toi pour écouter sa réponse avec le cœur et non pas seulement avec les oreilles ?
Lorsque la journée est terminée, est-ce que tu t'étends sur ton lit avec 1 000 choses à faire qui se bousculent dans ta tête ?

Et si tu ralentissais ?

As-tu déjà dit à ton enfant : « *Nous le ferons demain* » et demain n'était jamais là ?
As-tu jamais laissé une amitié mourir parce que tu n'avais jamais le temps d'appeler pour dire bonjour ?
Pourquoi ne pas ralentir un peu ?
Ne danse pas trop vite, car la musique pourrait bien cesser un jour.

La vie est si courte quand on court, et plus on court, plus elle raccourcit ! Lorsque tu cours si vite pour aller quelque part, tu manques la moitié du plaisir d'y être.
Lorsque tu t'inquiètes et te fais du souci pour demain toute la journée, c'est comme un cadeau non ouvert que tu jetterais : le *présent* d'aujourd'hui.

Quand tu écoutes quelqu'un, es-tu déjà en train de penser à ta réponse au lieu d'accueillir ses mots comme on reçoit un don – ou pire, penses-tu déjà comment mettre fin à la conversation ?

Utilises-tu sans cesse l'instant présent comme un simple tremplin pour atteindre un résultat dans l'avenir, te privant de la seule vie qui existe, celle que tu ne peux vivre que dans l'instant présent, le maintenant ?

Te laisses-tu voler ton temps de vie si précieux par les choses que tu consommes ? La voiture te permet sans doute d'aller plus loin et plus vite – mais y vas-tu avec plus de plaisir et de sérénité qu'en flânant sur un chemin de campagne en humant l'air du printemps et en écoutant les chants des oiseaux ? Les livres et les vidéos lus ou regardés te procurent-ils autre chose que de la nostalgie ou même un brin de culpabilité ? Car pour chaque chose que tu achètes, tu as donné ta force de vie qui remplit les heures que tu as vendues à ton employeur en travaillant. Ta voiture vaut-elle vraiment les 15 à 20 heures de travail que tu lui consacres mensuellement pour l'entretenir et l'amortir ? Et si tu passais ce temps à jouer et gambader avec tes enfants, à caresser ta femme et lui lire des poèmes, même à méditer pour découvrir ce jardin secret de l'Amour en toi qu'on ne voit qu'avec les yeux du cœur ?

Es-tu de ceux qui « gagnent du temps » ici pour le « reperdre » là ? Et au fait, comment peux-tu même gagner du temps ? Le temps, c'est le flux de la vie, tu peux l'utiliser bien ou mal, jamais le perdre.
Si tu ne vis pas l'instant présent – cet extraordinaire cadeau mille et mille fois renouvelé chaque jour par l'univers, si riche dans sa densité et son potentiel –, est-ce que tu vis vraiment ?

Peux-tu sérieusement vivre – être totalement ancré, totalement présent, vibrant de vitalité – dans les projets ou les plans, les espoirs ou les craintes que tu concoctes pour l'avenir ? Peux-tu vivre dans les remords, les regrets ou les rancunes du passé sans être autre chose qu'un zombie prisonnier de ce qui fut mais ne sera plus jamais ?

Amie, ami, libère-toi du joug pesant du temps chrono, qui te fouette comme le gardien fouette les galériens.
Et au fait, à quand remonte la dernière fois où tu t'es permis de prendre du temps pour ne rien faire, juste pour être ?

Plus tu vis dans l'instant présent, plus ta vie prend la densité extraordinaire du maintenant vécu dans sa plénitude et plus tu t'enrichis des seules richesses qui sont impérissables, celles qui sont en toi.

Et le jour viendra où tu vivras tellement l'instant présent que le temps chrono se volatilisera comme le fantôme qu'il était, emportant dans son sac troué sa compagne fripée, la mort.
Et tu découvriras que l'éternité n'est qu'un instant présent renouvelé à l'infini, et que l'univers t'en a fait le cadeau gratuit depuis toujours.

Quand vas-tu déballer ton cadeau ?
Demain ?
Quand tu auras le temps ?

C'est maintenant… ou jamais !

# C'est quoi, le temps ?

*« Il est difficile de trouver un chat noir*
*dans une chambre noire,*
*surtout si le chat n'y est pas. »*
Confucius

C'est St Augustin qui disait : « *Si personne ne me demande, je sais ce qu'est le temps, dès que l'on me pose la question, je ne sais plus.* »

Personnellement, j'ai posé cette question à des centaines de personnes dans mes stages et cours, et au moins 90 % des personnes ne se l'étaient jamais posée ! Elles étaient comme le petit poisson né dans l'océan et qui va vers une vieille tortue marine très sage pour lui demander ce qu'était l'eau, dont elle entendait tellement parler.

L'ethnologue anglais Evans-Pritchard, qui a mené au siècle passé une étude classique sur les Nuers du Soudan, a découvert que ces derniers n'avaient aucun mot dans leur vocabulaire pour décrire le temps chronométrique. Alors, avant de continuer la lecture, je vous invite à indiquer sur cette page, en quelques mots, votre définition du temps :

Pour moi, le temps, c'est : ............................

...............................................................

...............................................................

...............................................................

...............................................................

...............................................................

Parmi les définitions du temps que l'on m'a données dans mes cours, en voici quelques-unes : un pourvoyeur de surprises, l'instant présent, une fiction, l'espace entre la vie et la mort, une fraction d'éternité, un « présent » (cadeau) offert à chaque instant, le cadre de perception du monde fini, une mesure arithmétique de l'écoulement des choses, ma disponibilité aux possibilités infinies du moment présent…

Le physicien anglais Julian Barbour, peut-être la première sommité mondiale de l'étude du temps, souligne que le temps chrono (les minutes et les heures qui s'écoulent) est entièrement une invention du mental humain et *n'existe pas* dans le monde « réel ». La vision de ce grand scientifique rejoint celle des grands mystiques, puisqu'il définit le temps comme une succession de « now » (de « maintenant ») qui ne sont pas reliés dans le temps comme des perles sur un collier. Pourtant ils sont complets et parfaits en eux-mêmes.

Mais une telle notion est très difficile à comprendre pour les hommes modernes, tellement nous sommes entièrement conditionnés de la naissance à la tombe à absolument tout mesurer en temps chrono. Cet auto-conditionnement est devenu une sorte de sixième sens qui sert de cadre de compréhension (personnellement, je dirais d'incompréhension !) à tout ce que nous faisons et percevons. Notre incapacité même à imaginer quelque chose en dehors de ce cadre temporel est illustrée par la fameuse parole de l'humoriste américain, Woody Allen, qui disait : « *L'éternité, c'est long, surtout vers la fin.* »

Dans son premier ouvrage sur le temps, *L'art du temps*, Jean-Louis Servan-Schreiber commentait : *« Le paradoxe du temps, c'est que rares sont ceux qui en estiment avoir suffisamment, alors que chacun en dispose dans sa totalité… À la différence des autres ressources, celle-ci ne peut être achetée, volée, stockée ou économisée, fabriquée, multipliée ou modifiée. On ne peut qu'en faire usage. Et si l'on ne s'en sert pas, elle ne disparaît pas moins. Elle est, à l'évidence, la plus précieuse de toutes, puisqu'elle est la seule à ne pas être renouvelable… Nous réfléchissons bien plus à l'utilisation de notre argent, renouvelable, qu'à celui de notre temps, irremplaçable. »*

Personnellement, je le comprends très bien, parce qu'une fois dans ma vie, j'ai fait l'expérience de sortir complètement du cadre temporel tout en restant ultra-lucide. Jeune étudiant, je faisais une retraite de quelques jours à la communauté de Taizé, en Bourgogne. Quelque chose m'a poussé à aller à minuit méditer dans la petite église du village. Soudain, je suis totalement sorti de la conscience du temps et j'ai eu une vision extraordinaire de l'amour comme étant la finalité de tout dans l'univers : l'amour m'est apparu comme la source, le moyen et la fin de toutes choses. Je n'hallucinais pas car, pendant toute la nuit, j'ai pris des notes dans un petit carnet. Cette vision est restée au fond de mon être comme une source souterraine et m'a fourni la réponse qui, a un moment de ma vie, m'a permis de traverser sept années d'attaques de dépression très agressives. En effet, j'ai vu avec une clarté totale que je ne pouvais jamais être victime d'une incapacité d'aimer, que quelles que fussent les conditions et circonstances de la vie, je pouvais *toujours* aimer.

Et aussi soudainement, j'ai entendu le coq chanter et il était cinq heures du matin. Ces cinq heures avaient passé comme quelques instants, car j'avais perdu toute conscience du temps chrono.

Le temps chrono est simplement un mode de division arithmétique basé sur la révolution de la terre sur elle-même et autour du soleil. Quelque part, le temps chrono est une pure fiction. Il n'a absolument aucune substance en lui-même. C'est, comme l'argent, une simple convention sociale.

Le temps dit qu'hier était et que demain sera (et souvent sera mieux que maintenant), alors que hier et demain sont de pures constructions de l'esprit et que seul existe l'instant présent. Personne ne peut vraiment vivre en dehors de l'instant présent. On peut avoir des regrets, des remords, de la rancune concernant hier, on peut avoir des espoirs, des peurs, des projets pour demain, mais tout cela est au niveau du mental cette machine à fabriquer l'imaginaire. Mais on ne peut vivre, vraiment vivre que dans l'instant présent. Et un des plus grands drames de notre société est que la plupart des gens sont victimes de leur mental qui court sans cesse, comme le décrit Eckart Tolle dans un des trois plus importants livres que j'ai lus dans mon existence, *Le pouvoir du moment présent.*

« *Le mental cherche toujours à nier le maintenant et à s'en échapper... Plus vous pouvez honorer et respecter le maintenant, plus vous serez libre de la douleur et de la souffrance.* » Selon Tolle, le mental et le temps sont indissociables – le mental ne peut nous contrôler sans passer par le temps. « *La principale... dysfonction du mental [est] son attachement au passé et à l'avenir et son refus de maintenant... En fin de compte, il n'existe qu'un seul problème : le mental attaché au temps.* » Donc, selon Tolle, de mettre fin à l'illusion du temps comme structure fondamentale de l'être est la clé nécessaire pour mettre fin à l'identification avec le mental. « *Le temps et le mental sont inséparables. Ôtez le temps au mental, et ce dernier s'arrête.* » En effet, comme il l'explique, c'est le passé qui nous donne une identité et l'avenir qui tient la promesse du salut, alors que les deux constituent des illusions !

La nature hautement subjective du temps ressort de nombreuses expériences scientifiques et autres. Dans son livre fascinant sur le vieillissement, *Un corps sans âge, un esprit immortel*, le Dr Deepak Chopra donne des exemples frappants qui montrent que ce processus peut être non seulement stoppé, mais même inversé temporairement quand *la pensée des gens concernant le temps change*.

L'une de ces expériences, menée par la psychologue Ellen Langer à Harvard, réunit en 1979 un groupe d'hommes tous âgés de plus de 75 ans dans un centre qu'on avait reconstitué dans l'ambiance de 1959, avec de la musique et des journaux de l'époque. Les participants ne pouvaient pas emmener de livres ni de photos postérieurs à cette époque et avaient une seule consigne : penser, parler et agir comme s'ils avaient 20 ans de moins. En d'autres termes, ils devaient imaginer à longueur de journée qu'ils vivaient en 1959.

Les résultats, confirmés par des tests scientifiques rigoureux, sont étonnants : mesurés à un groupe de contrôle qui n'avait rien changé dans ses habitudes et surtout sa façon de penser, le premier groupe manifesta des symptômes mesurables de rajeunissement mental *et même physique* !

Dans un de mes cours, une sympathique postière du nom de Sibylle m'a timidement demandé un jour si elle osait me montrer un de ses poèmes sur le temps. Je l'ai trouvé tellement significatif que non seulement je le lis dans tous mes cours, mais que je le partage aussi avec vous ici.

## La banque du temps

Il existe une banque qui vous fait des cadeaux
Elle n'a pas de guichets ni de beaux bureaux.
Elle vous créditera journellement
Votre compte sous forme de temps.

Quatre-vingt-six mille quatre cents secondes
Pour les placements, la liste est longue.
Mais personne ne pourra rien thésauriser
Chaque vingt-quatre heures, le solde est retiré.

À la lumière des événements,
Chacun calcul le prix du temps.
S'il doit redoubler la classe d'un an,
Quelle valeur lui donnera l'étudiant ?

La mise au monde un mois trop tôt
Pour une maman, qu'est-ce que cela vaut ?
Quel prix, la semaine, pour l'éditeur,
Si son journal n'a pas de lecteurs ?

Pour les amants, que vaut une heure,
S'ils sont privés de leur bonheur ?
Le voyageur qui rate son train,
Sa minute, elle compte bien.

La seconde du chauffeur au volant,
Quel prix, s'il échappe à l'accident ?
Pour le sprinter qui court si fort,
Un centième de seconde, ça vaut de l'or !

Chaque instant a un grand prix.
Il ne faut pas qu'on le gaspille.
Hier fait partie de l'histoire,
Demain est un rêve – peut-être illusoire.

À chaque seconde être présent,
C'est le seul trésor permanent.
Oui, la banque du temps délivre jour et nuit
Un bien qui, à l'avance, n'est pas acquis.

Un petit poème anonyme sur le temps tisse un fil entre l'observation de Julian Barbour, celle de Sybille et mon expérience de Taizé :

Le temps est trop long pour ceux qui attendent,
Trop rapide pour ceux qui ont peur,
Trop long pour ceux qui pleurent,
Trop bref pour ceux qui se réjouissent,
Mais pour ceux qui aiment
Le temps n'existe plus.

## Nos mots nous interrogent

Les mots ne sont jamais innocents. La façon dont une société utilise ses mots est chargée de sens et de significations. Nos sociétés modernes ont inventé des expressions étonnantes pour parler du temps. En voici quelques-unes :

Gagner du temps.
Perdre du temps.
Courir après le temps.
Rattraper le temps.
Je n'ai pas le temps de…
Abattre du travail.
(sous-entendu : très rapidement)
Voler du temps…
*et surtout*
Tuer le temps.

Je vous suggère maintenant de remplacer le mot « temps » (travail) dans ces expressions par les mots « vie » et « amour ». Cela fait vraiment réfléchir quand on dit : « *Je n'ai pas l'amour de…* », « *Tuer la vie* », « *Voler l'amour* », « *Perdre la vie* », etc.

Puis prenez le temps de réfléchir à votre vie : avez-vous l'impression parfois d'abattre le travail, de courir après la vie (sans vraiment la vivre !), sans parler de *tuer votre temps* (qui est une façon de tuer votre créativité, votre intelligence, votre capacité à être alerte, disponible, votre sens de l'éveil et de l'écoute, votre capacité à servir et bénir ceux qui vous entourent, car tout cela et tant d'autres choses encore sont implicites dans des expressions comme *courir après* ou *tuer* le temps).

Dans son ouvrage sur *Le nouvel art du temps,* Jean-Louis Servan-Schreiber écrit très justement qu'une expression comme « gagner » ou « perdre » du temps n'a strictement aucun sens. Nous disposons tous de la totalité du temps disponible qui est imperturbable et non modifiable. Bill Gates, le PDG de Microsoft, ne dispose pas d'une seconde de plus que vous. Chaque journée a 86 400 secondes, pas une de plus ou de moins. Et aucune d'entre elles ne peut se perdre puisqu'elles existent uniquement dans notre tête. Le temps n'existe pas dans le monde physique ou naturel, il faut le répéter. C'est une pure invention du mental humain.

J'ai devant moi une publicité d'une grande multinationale de l'électronique pour une machine à enregistrer automatiquement son billet à l'aéroport, avec le message : « Objectif : n'attendre nulle part. Pour que vous gagniez du temps. » Le sous-entendu non dit : afin que vous puissiez consommer plus de choses ou d'activités. Surtout, ne pas être présent à soi-même. Cela pourrait mettre en route des changements dangereux !

Par contre, ce que nous pouvons faire – et cela est immense ! – c'est *changer notre attitude à l'égard du temps* pour en faire bon ou mauvais usage. D'où cette évidence, selon Servan-Schreiber, que ***« maîtriser le temps, c'est se maîtriser soi-même. »***

Bernard Leblanc-Halmos est un auteur français qui écrit des livres originaux. Dans son livre *Où trouver le temps ?*, il y a un très beau texte qui illustre cette remarque de Servan-Schreiber. On m'en demande toujours des copies quand je le cite. Le voici :

### Les suggestions de Dame Bon Augure

Je t'en prie, remplace ce mots *temps* par le mot *Amour*.

Et plutôt que : « Je te consacre tout mon temps », propose : « Je t'offre tout mon Amour. J'ai mis beaucoup de temps, j'ai mis beaucoup d'Amour. Cela rapporte avec le temps, cela rapporte avec l'Amour. De temps en temps, d'Amour en Amour. En même temps, d'un même Amour. »

Par contre, si tu te dis : « En ce moment, je n'ai pas de temps pour moi », sache que tu n'as pas d'Amour pour toi. De même si : « Je n'ai aucun temps à t'accorder », je n'ai aucun Amour pour toi. Quel dommage ! Que voudrait dire gagner du temps, si on ne gagne pas en sympathie, en amitié, en cordialité, en considération, en mansuétude ? À quoi sert d'avoir du temps devant moi si cela ne m'apprend pas à être plus attentionné, plus aimable, plus aimant, plus favorable, plus intelligent…

À supposer que j'investisse beaucoup de temps, mais que je ne mette aucun Amour, de quoi aurait l'air un travail sans Amour ? À supposer que je n'aime jamais ce que je fais, quand pourrai-je faire ce que j'aime ? Hier ? jamais ? Demain ? Jamais. Chaque chose en son temps. Chaque chose en son amour.

Le temps des Amours ne mène pas la même vie que le temps machinal. Dans le temps machinal, je te fais perdre du temps et tu me fais perdre le mien. Nous sommes tous perdants. On aurait pu croire que la guerre était une lutte position contre position, en fait c'est « ton temps » contre « le mien ». Je veux mettre « tes » pendules à « mon » heure, malheur à toi si tu ne fais pas mon bonheur à moi.

S'il n'est « plus temps », alors il n'est « plus d'Amour ». S'il est « encore temps », alors il est « encore et toujours un Amour possible ».

Tous les matins, je commence ma journée tôt par un long moment de méditation. C'est pour moi bien plus important que le petit-déjeuner !

Un matin alors que j'avais largement dépassé la cinquantaine, en m'installant pour méditer, ma petite voix me dit : ce matin, tu vas méditer sur ce que cela signifie de t'aimer toi-même.

Pendant une demi-heure, j'ai vécu une expérience tout à fait extraordinaire. J'ai littéralement senti des dizaines d'années de stress relié au temps tomber de mes épaules comme une vieille pèlerine trouée. Je sentais tout mon corps se relâcher physiquement. Surtout, j'ai compris que le stress que je m'imposais en courant et en bourrant mon temps de tant de choses à faire absolument (toutes des occupations très vertueuses bien sûr, y compris beaucoup de bénévolat) était *une forme de cruauté envers moi-même.* J'étais en même temps le galérien et celui qui le fouettait. Depuis ce jour, je peux honnêtement dire que le « stress-chrono » a pratiquement disparu de ma vie et que les quelques formes résiduelles qui restent sont en voie de dissolution.

Alors je voudrais vous encourager à vraiment apprendre à vous aimer vous-même. D'une part, cela pourrait bien devenir le moyen le plus important pour vous aider à apprivoiser votre temps. Mais avant tout, on ne peut donner aux autres l'amour qu'on ne s'accorde pas à soi-même.

Après avoir rencontré des milliers de personnes dans le cadre de mes cours et stages, je n'hésite pas à dire que le manque d'amour de soi authentique, intelligent, constitue le problème psychologique n° 1 de notre culture occidentale. Alors, osez vous accorder ce cadeau merveilleux : vous apprécier et vous aimer à votre juste valeur. Cessez d'utiliser le temps pour vous punir et vous voler la joie rayonnante et la plénitude de vie auxquelles vous avez droit maintenant simplement parce que vous existez.

Chacun de nous a au plus profond de lui-même un enfant qu'il a en général relégué (souvent ligoté) dans une cave profonde. Jésus était non seulement un des plus grands sages de tous les temps, mais également un des plus grands maîtres en développement personnel que la planète ait connu. Une des injonctions les plus méconnues qu'il ait prononcées était : « *Si vous ne devenez comme de petits enfants, vous n'entrerez pas dans le royaume des cieux* [la plénitude de l'être et de la vie]. »

Une des principales caractéristiques des petits enfants est la capacité à vivre totalement dans l'instant présent. C'est Flaubert qui disait : « *Le passé nous tourmente et le futur nous fait peur, c'est pour cela que le présent nous échappe* ». Alors faites-vous le cadeau de libérer l'enfant en vous. Amenez-le au soleil. Ayez envers lui toute la tendresse que vous voudriez que les autres aient pour vous. (Et si vous êtes un vrai macho pour qui « tendresse » ne signifie rien, remplacez ce mot par respect.) Et laissez-lui vous apprendre la plénitude de maintenant. C'est le plus beau cadeau que la vie veut vous faire. Allez-vous l'accepter ?

## Vivre le temps sans stress, un problème de priorités

Le problème de la surcharge de temps que tant d'entre nous subissent ***n'a en général strictement rien à faire avec le temps***. C'est pour la plupart des gens essentiellement un problème de définition de priorités claires. (Je dis « la plupart » car il y a évidemment des exceptions : la vendeuse divorcée qui travaille à 100 % en élevant trois enfants ; la mère célibataire qui travaille sur appel (une des plus scandaleuses formes d'exploitation de notre époque) ; l'infirmière-chef dans un service qui manque chroniquement de personnel pendant une épidémie de grippe, etc.)

Une merveilleuse histoire que l'on raconte dans de nombreux cours de management et d'organisation du travail depuis des lustres parle de ce professeur aux tempes grisonnantes appelé à faire un exposé sur le management du temps à des directeurs d'entreprise. Ces derniers ont payé une fortune pour une journée de cours sur les techniques de management dernier cri.

En rentrant dans la salle après la pause-café, ils voient arriver le professeur avec un grand vase en verre vide et une boîte. Le professeur les salue très courtoisement et ajoute : « *Nous allons procéder à une expérience.* »

Alors il pose le vase sur la table et, de la boîte, il sort de grosses pierres qu'il pose soigneusement dans le vase jusqu'à ce que ce dernier soit plein. « *Le vase est-il rempli ?* » demande-t-il. La salle entière d'une seule voix crie : « *Oui* ».

« *Ah vraiment ?* » demande le professeur. Alors de la même boîte, il sort de gros gravillons qu'il verse dans les interstices entre les pierres, jusqu'à ce que le vase soit de nouveau plein. « *Le vase est-il rempli cette fois ?* » demande-t-il ?

Cette fois, le doute s'installe. « *Probablement pas* » osent quelques voix éparpillées. « *Vous avez raison* » sourit le professeur et, de sa « boîte – chapeau de magicien » il sort un récipient avec un sable très fin qu'il verse dans le vase, tout en secouant bien pour que le sable remplisse tout l'espace qui restait. « *Le vase est-il plein ?* » demande-t-il à nouveau, les yeux pétillant de malice. « *Non* » s'écrie toute la salle, devinant la suite du feuilleton.

« *Vous avez raison* » s'exclame le professeur, un sourire jusqu'aux oreilles pendant qu'il verse l'eau minérale d'une bouteille posée sur la table jusqu'à ce que des gouttes débordent le long du vase.

« *Qu'ai-je voulu dire par cette expérience ?* » demande le professeur.

Pensant au thème de ce cours : « Le management du temps » un des auditeurs se lance : « *Vous avez voulu nous montrer que même si nous pensons que notre agenda est rempli, nous pouvons toujours y glisser quelques activités ou rencontres de plus* ».

« *Pas du tout* », répond le professeur souriant. « *Ce que j'ai voulu démontrer est que vous n'arriverez à une bonne gestion de votre temps que si vos principales priorités – les grosses pierres – sont claires et que vous les mettez au centre de vos activités. Les autres choses se mettront alors d'elles-mêmes en place. Mais si vous mettez d'abord le sable et les gravats – les choses moins importantes – dans le vase, il n'y aura plus beaucoup de place pour les pierres.* »

« *Alors soyez parfaitement au clair sur vos priorités et donnez leur l'importance qui leur revient. De cette façon, vous gérerez votre temps sans aucun stress. Vous serez maîtres de votre vie au lieu de rentrer tous les soirs tard chez vous, avec de gros dossiers à travailler et même pas le temps d'embrasser vos enfants déjà endormis.* »

Chère lectrice, cher lecteur, vos priorités de vie sont-elles parfaitement claires ?

Indiquez-les ici – cela vous aidera pour la suite de notre réflexion :

.................................................................................

.................................................................................

.................................................................................

.................................................................................

.................................................................................

.................................................................................

Une dernière remarque pour clore cette section. Eleonore Roosevelt a émis une des idées les plus fondamentales du développement personnel quand elle a dit : ***« Nul ne peut vous faire sentir inférieur sans votre consentement. »*** Vous pouvez remplacer le mot « inférieur » par n'importe quel autre terme exprimant une émotion ou attitude négative : triste, en colère, déprimé, plein de peur, jaloux et, bien sûr, *stressé.*

Quelque part, nombre d'entre nous consentons au stress que nous subissons. Car nous avons souvent la possibilité de vivre autrement, de réorganiser nos priorités, de faire d'autres choix, de changer d'attitude. En fin de compte, nous n'avons pas besoin d'être les victimes d'une société qui court sans cesse. Nous *pouvons* choisir un autre rythme, comme nous le verrons dans les deux dernières sections.

## La contradiction fondamentale

La société de consommation est prise dans une contradiction fondamentale qui annonce déjà soit sa disparition, soit une transformation radicale de telle sorte qu'elle ne sera plus jamais la même.

Nous avons vu que les journées ont toutes 24 heures, et à moins d'émigrer sur une autre planète, personne ne peux y ajouter une femto-seconde (un millionième d'un milliardième de seconde) de plus – même pas Bill Gates avec toute sa fortune ou un couvent de cisterciennes avec sa spiritualité.

Mais depuis 50 ans, la société de consommation nous offre de plus en plus de choses, activités, loisirs, voyages, à consommer ***dans un temps qui, lui, reste fixe.*** D'où la contradiction qui tient de la quadrature du cercle : chacun veut profiter de tout, ce qui nécessiterait plus de temps. Mais ce temps ne veut rien entendre. Le choix devant lequel chacun et chacune est donc placé, c'est : soit de consommer ce qu'il lui faut vraiment pour son bonheur (expérience faite, c'est très peu !), soit se laisser prendre par les sirènes de la société de consommation et c'est la course contre la montre programmée qui commence.

Cette consommation peut prendre de nombreuses formes :

• la consommation de **choses** parmi lesquelles il faut : *choisir* (ce n'est pas une sinécure de choisir entre plus de 200 appareils photo ou dans un magasin plein de souliers), *apprendre à utiliser* (pas évident pour un ordinateur), *stocker, entretenir, nettoyer, protéger, assurer* parfois, *réparer ou faire réparer, jeter* ou *s'en débarrasser* dans un lieu acceptable selon la loi, etc. Sans parler du temps qu'il a fallu pour *gagner* l'argent pour *acheter* cet objet !

• la consommation de **services** de toutes sortes, y compris les visites totalement inutiles chez le médecin pour un petit bobo (les médecins appellent cette forme d'abus la « bobologie »), la visite chez le dentiste pour se faire mettre un diamant sur une dent ou chez le tatoueur pour « éterniser » une image qui a fait tilt, l'église qu'on fréquente juste pour s'y faire voir (plus rare de nos jours, il est vrai !), les visites régulières au fitness pour se maintenir en forme.

• la **culture** sous toutes ses formes : cours du soir, expositions, conférences.

• les innombrables formes de **loisirs** dont je ne vais même pas tenter de dresser une liste, tellement elle serait longue, auxquels on peut ajouter :

- les **voyages** aux quatre coins de la planète ;

- les **divertissements** utiles et inutiles, comme le zapping télévisuel, les jeux innombrables sur internet, dont quelques-uns sont remarquables mais beaucoup d'une médiocrité désolante ;

- **toute activité menée ou subie de façon passive** et qui m'éloigne de la « pleine conscience » au sens où ce terme est défini dans le bouddhisme par exemple, c'est-à-dire une activité qui suscite une croissance intérieure.

Un article paru dans un quotidien romand lors de la grande conférence des télécommunications tenue à Genève en 1999 disait sans s'embarrasser de sous-entendus : « *Nous avons tous besoin d'un visiophone portatif, mais nous ne le savons pas encore* » !

Traduction : consommer, c'est la santé (sinon la vôtre, du moins celle des commerçants !).

Dans *Le nouvel art du temps*, l'auteur met le doigt sur le problème fondamental : « *Considérée sous l'angle du temps, la consommation est la grande névrose du siècle. Du moins si l'on retient la définition la moins « psy » de la névrose : ce qui pousse quelqu'un d'intelligent à faire quelque chose de bête… Nous consacrons des miettes de temps à une multitude de plaisirs, au lieu de profiter pleinement des rares qui nous conviennent vraiment. Tout conspire à transformer notre temps en steak haché : la multiplication de nos tâches, le nombre sans cesse accru de nos interlocuteurs et l'invention permanente de nouveaux moyens de communication qui activent les contacts.* »

Il faut répéter qu'il existe un cercle vicieux absolu : plus nous produisons de biens et services, moins nous avons le temps d'en jouir. De plus, comme l'ont remarqué une série d'auteurs écrivant sur cette question, *plus la valeur des choses diminue, plus la valeur du temps augmente.* Pour des gens qui ne sont pas centrés sur leur être intérieur et qui n'ont pas de priorités *très* clairement définies, il devient de plus en plus difficile de savoir ce qu'on veut vraiment, d'écarter ce qu'on ne veut pas et surtout de chérir et d'apprécier ce que l'on a. Comme le dit Wolfgang Sachs, un des maîtres à penser d'une réflexion approfondie sur la société contemporaine : « *La pleine valeur des biens et services peut seulement être réalisée quand on leur accorde notre totale attention : ils doivent être convenablement utilisés, il faut savoir en jouir intelligemment et les cultiver avec soin. D'avoir* *trop de choses fait que le temps pour les plaisirs non matériels se réduit… **Il s'ensuit que le manque de temps dégrade la pleine jouissance des biens.*** » Quand on dépasse la satiété, la jouissance globale diminue. C'est l'expérience de ces enfants tellement bombardés de cadeaux à Noël qu'ils ne savent plus ou donner de la tête et ne jouissent plus vraiment d'aucun.

Quelque part, la plupart de ceux qui nous entourent sont comme ces enfants, car pour les vendeurs, le Noël commercial est tous les jours. C'est peut-être même votre cas. Alors réjouissez-vous : il est parfaitement possible de changer !

## Six clés pour améliorer la gestion quotidienne du temps

La métaphore la plus fondamentale du développement personnel est pour moi celle de la tasse à moitié pleine ou à moitié vide.

***À chaque instant de la vie***, nous faisons un choix fondamental, mille fois répété : comment nous choisissons d'interpréter les circonstances dans lesquelles nous nous trouvons, comment nous choisissons de vivre l'instant présent. Nous pouvons choisir de rester alertes et éveillés ou nous pouvons consentir (cf. la citation d'Eleonore Roosevelt) à subir l'hypnose collective qu'on appelle « culture ambiante » et ses comportements programmés que la plupart des gens ne songent jamais à remettre en question.

Imaginez que vous êtes pressé de prendre le train mais qu'auparavant vous devez poster un colis urgent. La file de clients à la poste semble ne pas avancer. On dirait que le postier a été chloroformé, tant il prend, lui, son temps. Vous avez à cet instant précis le choix de commencer à fulminer intérieurement contre cet employé qui vous

« vole » votre temps, contre la petite secrétaire qui a décidé d'acheter tous les timbres disponibles dans ce bureau de poste, contre la mère de famille derrière vous dont l'enfant pleurniche au point que vous avez envie de le jeter par la fenêtre…

Mais vous pouvez aussi ***choisir*** d'avoir une attitude fondamentalement différente : vous pouvez sourire à vos voisins et même entamer la conversation avec la vieille dame devant vous qui a un si beau chemisier, faire le clown avec le petit enfant pour lui tirer un sourire et bénir toutes les personnes que vous voyez dans leur joie de vivre, leur sérénité, bénir même le postier dans son agilité. Et, pourquoi pas, vous pourriez même vous répéter cette petite prière sanscrite :

Regarde bien cette journée, car elle est la vie,
La vie de la vie.
Sa course brève contient toutes les réalités et vérités de l'existence :
La joie de la croissance,
La splendeur de l'action,
La gloire du pouvoir.
Car hier n'est qu'un souvenir,
Et demain n'est qu'une vision,
Mais aujourd'hui, bien vécu,
Transforme chaque hier en un souvenir de bonheur
Et chaque demain en une vision d'espoir.
Alors, regarde bien cette journée :
Tel est le salut de l'aube.

Henri Ford disait : « *Ceux qui pensent qu'ils peuvent réaliser quelque chose et ceux qui pensent qu'ils ne peuvent rien réaliser ont tous deux raison* ! » En d'autres termes, si vous êtes profondément motivé à vivre un autre temps, *vous vous donnerez les moyens de réaliser cet objectif.* Si vous préférez le parking payant qui consiste à croire que vous êtes victime des circonstances et qu'il n'y a rien à faire, vous resterez dans le parking. (Dans le domaine du développement personnel, ce dernier terme décrit un espace mental où on se contente du statut quo, où on accepte de ne pas avancer et où, pour toutes sortes de raisons, on se contente des acquis).

Le problème avec cette deuxième solution, c'est qu'il est vraiment payant ! Plus vous y restez, plus la facture sera salée. Tôt ou tard vous serez obligé de le quitter, ne serait-ce qu'à votre mort. ***Car la loi fondamentale de l'univers à laquelle absolument personne n'échappe est : CROISSEZ, devenez l'être splendide que vous êtes déjà, dans votre Soi profond.***

Alors pour ceux qui ont déjà quitté le parking ou qui voudraient le faire, voici quelques outils pour un autre vécu du temps. C'est une liste très hétéroclite, je m'en rends compte, parce que nous vivons une époque de contrastes extrêmes et de contradictions quotidiennes. Ce n'est surtout pas une liste de « Yaka ». Aucune de ces pratiques n'est facile, certaines demandent un très gros investissement personnel. Mais j'espère que vous trouverez, cher lectrice, cher lecteur, au moins une approche qui vous parlera.

### ❶ *Travailler moins*

De plus en plus de personnes dans nos sociétés occidentales choisissent de travailler moins pour vivre des vies moins stressées, pour faire des choses dont elles ont envie, pour être plus disponibles pour leur famille et leurs enfants, pour leur développement personnel et spirituel, pour le bénévolat – la liste des raisons est fort longue. Ainsi, dans mon petit livre sur l'argent dans cette même collection, je parle de cette famille où chaque parent travaille une année sur deux, afin que le père ou la mère soit à 100 % disponible pour ses enfants. D'autres couples choisissent de travailler chacun à 50 %.

Ce choix aura nécessairement des incidences économiques : vous allez gagner moins (à moins que vous ne trouviez un travail beaucoup mieux payé à temps partiel, ce qui est aussi possible). Ceci nous mène tout naturellement à la deuxième suggestion :

### ❷ *Simplifiez votre vie, ou comment vivre mieux avec moins*

Cela fait bientôt trois décennies que je poursuis une voie de simplification de la vie qui est la source d'un bonheur absolument immense, car j'ai le temps de me concentrer sur ce que je considère les choses importantes de l'existence : les relations humaines (où la vie de couple a une place privilégiée), le développement personnel et spirituel, le bénévolat et, surtout, la lutte pour **un monde qui marche pour *tous*,** et non seulement quelques privilégiés.

De plus en plus, je réussis à définir mes priorités de façon très ciblée, de telle sorte que j'ai rarement des conflits entre mille choses que je voudrais faire le même jour. Entre la multitude de possibilités qui s'offrent sans cesse à moi, j'apprends chaque jour à choisir celles qui contribuent le plus à me rapprocher de mes buts – ce qui constitue en même temps ma définition du bonheur.

Pour arriver à simplifier votre vie, deux questions joueront un rôle clé.

La première consiste à définir de façon claire ce que signifie, avoir assez, à commencer par *avoir assez de temps.*

Pour moi, la réponse paradoxale à cette question est la suivante : ***nous avons tout le temps qu'il nous faut pour être nous-mêmes !*** En fait, nous n'avons pas besoin d'une minute de plus pour être vraiment qui nous sommes dans notre identité profonde. Mais nous aurons peut-être besoin de toute une vie pour le découvrir (même de plusieurs vies pour ceux qui croient à la réincarnation). *Plus* vous aurez une conscience claire de qui vous êtes (au sens qu'a ce mot en termes de développement personnel et spirituel), *moins* vous aurez besoin de choses ou de l'approbation des autres pour vous confirmer à vous-même que vous valez quelque chose.

Mais c'est là ma réponse. La vôtre sera peut-être toute différente. L'essentiel est que ce soit vraiment *votre* réponse à vous, totalement originale, et non pas une réponse inconsciemment suggérée par la pression du milieu, cet hypnotisme culturel que nous subissons tous.

La deuxième question clé, qui doit vraiment devenir un réflexe quand vous faites vos achats, est la suivante *: en ai-je vraiment besoin ?* Pour mieux cerner cette question, vous pouvez l'accompagner d'une question auxiliaire *: cet achat va-t-il me rapprocher de mes objectifs de vie ?*

La simplification de la vie donne une sérénité à nulle autre pareille. Votre esprit, désencombré du fatras des désirs induits de l'extérieur et des messages publicitaires aussi incessants qu'inutiles (pour 99 % d'entre eux), est de plus en plus disponible pour l'instant présent et les choses importantes de la vie.

### ❸ *Mieux organiser son travail*

Notre troisième suggestion est très pratique : il s'agit d'apprendre à mieux organiser son travail.

Il existe d'innombrables livres de management et d'organisation du travail qui distillent toutes sortes de recettes, nombre d'entre elles excellentes. Nous résumons ici certaines des suggestions les plus courantes :

***A - Au niveau du planning du travail :***

• Fixez-vous des objectifs précis dans le temps (une semaine, un mois).

• Dressez une liste des activités à faire, numérotées par ordre d'importance (1,2,3...).

• Évaluez le temps qu'il vous faudra pour chaque activité, en prévoyant bien sûr du « mou » dans la corde pour les imprévus.

• Précisez les dates d'échéance – par exemple dans votre agenda.

(Notez par exemple : rapport sur le fonctionnement du projet à remettre pour le 30. Puis faites un rappel dans votre agenda quelques jours avant, pour vous assurer de n'être pas pris de court). Il va de soi que si vous avez une fiche de planning hebdomadaire, il sera indispensable de reporter ces échéances également dans ce dernier, et non seulement dans votre agenda.

***B - Dix recettes pour mieux travailler***

Cette liste très classique que l'on retrouve dans de nombreux ouvrages donne certains des conseils les plus élémentaires sur l'organisation matérielle de son travail. On reste surpris, comme formateur, du nombre de personnes qui ne les pratiquent pas.

- Fermez la porte lorsque vous travaillez à une tâche importante
- Faites un emploi du temps journalier. Ceci est une chose fondamentale. Ayant été pendant dix ans formateur de chômeurs, j'ai toujours été stupéfait du fait que la grande majorité d'entre eux ne planifiaient pas vraiment leurs démarches de recherche d'emploi.
- Regroupez les tâches semblables (par exemple lettres à écrire, téléphones à faire, visites à l'extérieur, etc.).
- Ayez un système de rappel personnel bien visible (post-it, etc.) pour les tâches urgentes/importantes.
- Fixez les rendez-vous de manière précise. Si vous fixez ce dernier par téléphone, répétez clairement, la date, l'heure, le lieu du rendez-vous à la fin de l'appel.
- Ayez un bon système de rangement pour vos papiers et documents divers, ainsi que pour le courrier, les factures, etc. On peut prendre un temps fou à chercher des choses quand on ne se rappelle plus où on les a classées.
- Faites une chose à la fois ! Nous avons déjà souligné le gaspillage d'énergie et d'attention découlant de la pratique consistant à faire plusieurs choses en même temps.

• Commencez par la tâche la moins attirante ! En effet, toujours repousser à plus tard ce que vous devrez de toute façon accomplir génère également une grande perte d'énergie.

• Ayez toujours avec vous un petit carnet intitulé « Divers » où vous noterez des idées, des citations que vous ne savez pas exactement où classer mais dont vous savez qu'elles vous seront utiles un jour.

• Gardez des plages de temps pour vous-même. Vous êtes sur terre pour *vivre*, pas pour travailler, même si cela constitue une nécessité. Bienheureux sont ceux pour qui le travail est une joie quotidienne : ils constituent un petit pourcentage des habitants des pays industrialisés.

### *C - Les voleurs de temps /de vie*

Une autre approche de l'organisation de son temps consiste à prendre conscience des "voleurs de temps", à savoir les attitudes, problèmes, environnements, situations qui sont la cause d'un gaspillage de notre attention et de notre énergie de vie (que nous appelons par convention le temps).

Je suivrai une description devenue classique entre voleurs "externes" et voleurs "internes", tout en attirant l'attention sur le fait que les "externes" ne sont souvent que des voleurs "internes" déguisés, comme le dit Jean-Louis Servan-Schreiber, à qui j'emprunte certains des facteurs cités ci-aprés (voir *Le Nouvel Art du Temps*).

Cochez ceux qui vous concernent souvent, et ajoutez vos péchés mignons dans ce domaine.

## VOLEURS EXTERNES

- Réunions mal préparées et trop longues, aux objectifs peu clairs.
- Appels téléphoniques mal contrôlés, trop longs.
- Collègues, amis, membres de la famille qui m'interrompent trop souvent.
- Personnel mal formé.
- Mauvaises relations avec mon supérieur/mes collègues, manque de collaboration dans le service.
- Collaborateurs peu fiables, d'où nécessité de tout contrôler.
- Visiteurs non annoncés.
- Surcharge d'informations.
- Pauses café trop longues ou impromptues.
- Discussions qui s'éternisent avec des collègues/collaborateurs.
- Machines trop souvent en panne, mal entretenues.
- ..........................................................................
- ..........................................................................
- ..........................................................................
- ..........................................................................
- ..........................................................................
- ..........................................................................
- ..........................................................................

## VOLEURS INTERNES

(Ils recoupent certains des points mentionnés sous B)

- INAPTITUDE À DIRE NON (aux autres ou à soi-même).
- Absence d'un plan de travail quotidien.
- Désordre dans/sur mon bureau, entassement de papiers que je ne retrouve plus, c'est-à-dire manque d'un système de classement vraiment efficace.
- Manque de discipline personnelle.
- Syndrome du "mañana" : sans cesse repousser les tâches à demain.
- Travaux qui traînent éternellement, qu'on ne finit jamais (dus souvent à un manque de dates limites).
- Priorités et objectifs confus et changeants.
- Délégation insuffisante.
- Problèmes de santé, de sommeil.
- Problèmes familiaux ou de couple.
- Mauvaise organisation de la vie familiale.
- Mener de front trop de tâches.
- Manque de concentration.
- Perfectionnisme.
- ..........................................................................
- ..........................................................................
- ..........................................................................
- ..........................................................................
- ..........................................................................
- ..........................................................................

Après examen attentif, on réalisera que beaucoup de voleurs "externes" sont en fait des voleurs "internes" déguisés : les appels téléphoniques trop longs, les visiteurs imprévus, les discussions qui s'éternisent viennent toutes de l'incapacité à dire « non ».

La plupart des gens ont beaucoup de peine à dire NON parce qu'ils n'ont pas compris qu'un NON franc, honnête, ferme et poli est en fait un OUI déguisé : c'est une façon de dire à l'autre, *« Je crois en votre capacité à comprendre et accepter que j'ai d'autres priorités en ce moment. »* C'est Shakespeare qui écrivait dans *Hamlet* : *« Ceci par dessus tout : sois fidèle à toi-même, et il s'en suivra, comme la nuit suit le jour, que tu ne pourras manquer d'authenticité avec personne. »* Être fidèle à votre sens le plus élevé de ce qui est *juste dans le moment présent* est le plus grand service que vous puissiez rendre, non seulement à vous-même, *mais aussi aux autres.*

Deux dernières remarques : une activité sans cesse reportée est une façon de dire à votre subconscient : je ne me prends pas trop au sérieux. Est-ce vraiment le message que vous voulez délivrer ?

Enfin, surtout, surtout, ne vous culpabilisez jamais si vous ne contrôlez pas encore votre temps de façon satisfaisante. Vous ne devez de comptes à personne d'autre qu'à vous-même !

## ❹ *Endiguer le déluge d'informations qui nous noie*

Jamais dans l'histoire les hommes n'ont été à ce point submergés par un flot continu d'informations de toutes sortes. Chaque jour, un million de pages sont ajoutées à internet. Gleick, dans son ouvrage sur l'accélération du temps, nous informe que nous avons la possibilité de transmettre mille milliards de « bits » d'informations à la seconde – l'équivalent de trois siècles d'informations d'un gros quotidien. L'information contenue dans un seul numéro du quotidien *New York Times* contient plus d'informations que le citoyen moyen du XVII<sup>e</sup> siècle aurait absorbées en une vie entière. L'agence de journaux qui assure les abonnements des différents périodiques auxquels je suis abonné offre à ses clients un assortiment de… 100 000 magazines et journaux !

Nous sommes bombardés de plusieurs milliers d'informations publicitaires par jour et on estime que la publicité est *la première source d'information de l'Américain moyen*. Au rythme de l'américanisation de la planète, cela pourrait l'être bientôt en Europe aussi. Le volume et la vitesse de transmission de l'information augmentent d'environ 100 % par année, à tel point que l'Institut Da Vinci de Longmont (Colorado) estime que la base de savoir des sociétés humaines double tous les 18 mois.

Ce déluge est tel qu'il engendre de nouvelles pathologies psychiatriques, comme une angoisse née de la peur de ne pas être assez ou adéquatement informé. Comme on l'a remarqué non sans humour, un jour d'absence d'internet rend certains curieux, deux jours d'absence suscitent en eux la culpabilité, trois jours et ils se sentent à l'âge de la pierre et sont prêts à se précipiter chez leur psychiatre. Tout comme un alcoolique est une personne qui n'arrive pas à s'abstenir d'alcool, un *infolique* (mon néologisme) est une personne en manque continuel d'informations.

Comme l'a noté avec pertinence un des observateurs les plus alertes de notre époque, Ignacio Ramonet, rédacteur en chef du *Monde diplomatique* : « *Pendant longtemps, la communication a libéré, parce qu'elle signifiait (depuis l'invention de l'écriture et celle de l'imprimerie) diffusion du savoir, de la connaissance, des lois et des lumières de la raison contre les superstitions et les obscurantismes de toutes sortes. Désormais, en s'imposant comme une obligation absolue, en inondant tous les aspects de la vie sociale, politique, économique et culturelle, elle exerce une sorte de tyrannie. Et a tendance à devenir* ***une des plus grandes superstitions de notre temps.*** »

Nous sommes pris dans un cercle vicieux absolu : plus la quantité d'informations augmente et se renouvelle rapidement, plus il est difficile de trouver l'information qui nous serait utile, plus rapidement elle perd sa valeur et plus l'attention que nous y portons devient superficielle. En outre, plus il y a d'informations, plus la vision d'ensemble et les synthèses deviennent difficiles, et moins on tend à leur accorder de valeur. **Nous vivons la désinformation par surinformation.**

Pour trier dans ce flot d'informations chronophages, deux choses sont impératives.

D'abord, un sens très clair de nos priorités de vie. Plus ces priorités sont claires, plus le tri de l'information deviendra facile et rapide.

Ensuite, triez vos sources d'information. Préférez la presse écrite à la télévision (qui en général vous divertit, avant de vous avertir ou de vous informer). Abonnez-vous à deux ou trois périodiques de synthèse dans des domaines qui vous tiennent à cœur. Entraînez-vous à NE PAS regarder la publicité ou les devantures de magasin, et à rester mentalement centré.

Gardez la conscience claire que ce n'est pas l'information qui permet de mieux vivre, même pas le savoir, mais *la sagesse* – cette capacité à trier dans nos expériences de vie et à en faire une synthèse qui nous permette de vivre notre vie selon notre sens le plus élevé de ce qui est juste et bon. Or, la sagesse comme référence culturelle et de vie fondamentale a pratiquement disparu de nos sociétés. ***Il est urgent que nous retrouvions la sagesse, qui seule peut nous permettre de mieux vivre.***

La méditation peut constituer un outil précieux pour développer un sens clair de vos priorités et tout le temps que vous passerez à méditer selon une méthode éprouvée constitue un des investissements de temps les plus précieux que vous puissiez réaliser. En ce qui me concerne, la méditation est de très loin ma source d'*informations* la plus importante sur la vie et l'univers !

### ❺ *Toujours des délais à respecter !*

« *C'est très beau, ce que vous écrivez là, sur l'instant présent et transformer le temps en amour. Mais nous avons un chef qui est sans cesse à nos trousses pour que nous soyons plus efficaces, et que nous augmentions le rendement. C'est un vrai tyran qui nous rend la vie littéralement impossible. Alors, que faire ?* »

Bonne question !

En anglais, le mot « délai » se traduit par « dead line », littéralement « ligne morte ». C'est un terme dérivé du langage pénitentiaire du XIX$^{e}$ siècle, quand les détenus travaillaient aux champs. On délimitait un périmètre à l'intérieur duquel ils devaient rester et on tirait sur tout détenu qui sortait du périmètre. (« Tu dépasses la ligne et tu es un homme mort. »)

Dans certaines usines des zones franches de San Salvador, les ouvrières n'ont même pas le droit d'aller aux toilettes ou de boire de l'eau, car cela ralentirait la chaîne de production.

Il est impossible de répondre *brièvement* et de façon intelligente à la question ci-dessus, car c'est tout un système devenu complètement fou qui doit changer. Or, l'exigence de base de cette collection *"Pratiques"* est la brièveté – c'est la caractéristique de toute bonne vulgarisation, qui elle-même constitue une des réponses les plus valables à la surinformation de notre époque.

Tout ce qu'on peut suggérer à une personne dans une telle situation est de soit participer à la construction d'un syndicat fort qui pourrait aider à contrer la pression au rendement, soit diminuer son pourcentage de travail – soit changer d'emploi. Mais ce ne sont là que des palliatifs auxquels bien des lecteurs, je le réalise bien, n'ont pas accès.

## ❻ *La dîme du temps*

Dans mon petit livre sur l'argent, je parle de la dîme inspirée d'argent. Je voudrais ici brièvement présenter la dîme du temps.

Gandhi disait : « *Tous les autres plaisirs et toutes les possessions de la vie pâlissent devant le service rendu dans un esprit de joie.* » Toute personne qui vit le service dans cet esprit ne pourrait que confirmer cette parole du Mahatma.

De plus, quand on a réalisé que tout ce que nous avons, à commencer par notre temps, constitue un simple prêt de l'univers, de la vie, et que nous ne sommes jamais que les *gestionnaires*, non les propriétaires de ce que la vie nous accorde, donner de son temps devient la chose la plus naturelle du monde. Cela devient aussi une source de bonheur immense.

En calculant votre dîme du temps, ne le faites pas avec un chronomètre en main, en vous demandant s'il faut exclure du calcul les heures passées à dormir ou à faire la vaisselle. Cela deviendrait une casuistique de plus, et cela tuerait toute joie. Voyez cette dîme simplement comme un encouragement à prendre conscience que le temps que la vie nous prête n'est pas une possession, une chasse gardée, mais une occasion de découvrir les besoins des autres et d'y répondre avec compassion.

## Six clés pour une approche spirituelle de la gestion du temps

### ❶ *Faire tout avec amour*

Je lisais une fois dans une revue de spiritualité le récit d'un homme jeune tout frais sorti de l'université avec son diplôme. Le seul travail qu'il avait trouvé était la plonge dans un restaurant. Il était furieux d'avoir à faire ce travail, avec le diplôme qu'il avait. Un jour, il remettait des verres sur une étagère, fulminant intérieurement, quand soudain il réalisa ***qu'il avait le choix de son attitude***. Il pouvait continuer à remettre les verres en fulminant ou accomplir exactement la même tâche avec amour. Il descendit donc tous les verres et les posa consciemment avec amour. À l'instant même, un client du restaurant le héla et lui proposa un emploi. Deux minutes plus tard, sans rien savoir de ce qui s'était passé, son patron lui offrit une promotion.

Dans l'équilibre de l'univers et la marche de l'humanité vers l'épanouissement et le bonheur, des latrines vidées avec amour, un malade soigné avec compassion, pèsent *infiniment* plus dans le poids des choses qu'une multinationale dirigée avec agressivité et un désir de pouvoir, ou tout autre objectif purement matériel. Faire moins, mais avec amour, vaut infiniment plus que faire plus avec stress.

Car à un niveau invisible, nous sommes tous reliés. Tous ensemble, nous tissons l'aura mentale qui entoure cette planète et qui nous permettra un jour de surmonter les gigantesques défis auxquels notre race fait face. Avec ***chacune*** de nos pensées, vous et moi, chère lectrice, cher lecteur, aidons notre monde soit à progresser, soit à régresser, soit à rester dans un parking payant.

Ceci représente une prise de conscience extraordinaire et tellement encourageante, qui non seulement valorise notre temps de façon extraordinaire (par la qualité des pensées avec lesquelles nous choisissons de le meubler), mais contribue également à donner un sens encore plus profond à la vie.

Quand nous quittons cette terre, nos doctorats ou nos relations, notre villa ou notre compte en banque, nos réalisations matérielles et notre prestige ne compteront pour *absolument rien* dans le bilan final. ***Seules compteront les qualités que nous avons manifestées dans notre existence*** : notre douceur et notre bonté, notre amour et notre compassion, notre clarté et notre joie, la lumière que nous avons rayonnée plus que les choses que nous avons données ou léguées. Ces qualités seules nous aideront à progresser dans l'étape suivante où « les premiers seront les derniers et les derniers seront les premiers ».

### ❷ *Vivre l'instant présent.*

Un jour, St François d'Assise était en train de ratisser dans le jardin du monastère. Des frères vinrent vers lui et lui demandèrent : « *François, si on te disait que tu allais mourir dans une demi-heure, que ferais-tu ?* ». Reprenant son râteau, il répondit : « *Je continuerais à ratisser.* »

Quand on est en paix avec soi, on habite de plus en plus l'instant présent. Mais il est également vrai que l'effort conscient consistant à vivre dans l'instant présent est un des chemins privilégiés vers une sérénité intérieure que rien n'ébranlera.

Car le seul, l'unique instant où vous pouvez vraiment exister, *vraiment* vivre et célébrer cette vie si merveilleuse qui nous a été prêtée, est l'instant présent.

Une amie m'a envoyé un courrier décrivant une situation où une banque nous offre gracieusement et quotidiennement un crédit de 86 400 « instants de vie », dont le solde est annulé chaque jour à minuit. Vous ne pouvez virer ces instants sur un autre compte, ni les thésauriser. Et le jeu peut être interrompu à n'importe quel moment, sans préavis !

Si nous avions vraiment conscience de ceci, nous chercherions à dépenser ce trésor aussi intelligemment et joyeusement que possible. Nous ferions mille cadeaux (des « présents ») à ceux qui nous entourent – et à nous-mêmes aussi, j'espère ! Nous ferions de notre mieux pour valoriser chaque instant, en le remplissant de qualités plus que de choses. Un maître vietnamien du zen, Thich Nhat Hanh, nous offre des pistes précieuses pour bien vivre l'instant dans son livre *La plénitude de l'instant.*

Cette banque, bien sûr, est en chacun de nous, et les 86 400 secondes sont un capital offert chaque jour. N'est-ce pas extraordinaire ? Qu'en faisons-nous ?

Hui-Neng, un patriarche zen du VIe siècle, disait : « *La tranquillité absolue est le moment présent. Bien qu'il existe dans ce moment, il n'y a aucune limite à ce moment. Cette prise de conscience constitue le délice éternel.* » Maître Eckhart, un des tout grands penseurs médiévaux, faisait écho au sage oriental quand il écrivait : « *Seul existe l'instant présent… un Maintenant qui est sans cesse neuf, toujours et sans fin.* »

Une des visions les plus tristes que l'on puisse observer quotidiennement dans nos villes est constituée par ces gens attablés au restaurant qui mangent tout en lisant, jetant des clins d'œil occasionnels à la télévision, parfois même en fumant ou en parlant à quelqu'un pour compléter le tableau.

Un livre presque incontournable pour toute personne désirant apprendre à vivre dans le présent est l'étonnant best-seller international de Eckhart Tolle, *Le pouvoir du moment présent*, que j'ai déjà eu l'occasion de citer. C'est un des livres les plus importants que j'aie jamais lus, qui combine de façon très heureuse spiritualité et développement personnel dans une démarche profondément originale. Il est bourré de pistes et d'exercices pour mieux vivre dans le présent.

Ainsi, quand vous mangez, surtout si vous mangez seul, soyez totalement absorbé par ce que vous faites. Sentez la texture des aliments sous vos dents, goûtez vraiment les saveurs, mâchez jusqu'à ce que les aliments soient presque liquides. Éventuellement, pensez à la chaîne étonnante qui a amené ces aliments sur votre table et bénissez chaque maillon de la chaîne, depuis le paysan équatorien, en passant par les matelots panaméens, les douaniers bordelais, les chauffeurs de camions et les employés du supermarché, ceux qui ont fabriqué les emballages, imprimé les affiches… vous ferez facilement le tour du globe, peut-être plusieurs fois.

Soyez créatif ! Développez vos propres stratégies de pleine conscience. Quand vous marchez dans la rue, au lieu de vous laisser mentalement kidnapper par la publicité, baignez tous ceux que vous croisez dans la lumière ou bénissez-les. (Cette pratique est décrite en détail dans mon livre *Vivre sa spiritualité au quotidien*).

Quand vous faites la vaisselle, faites simplement la vaisselle, avec application et amour. Les distractions du mental (que les bouddhistes appellent « les petits singes ») chercheront sans cesse à vous distraire. Sans vous décourager, ramenez votre pensée à ce que vous faites. Au début, ce ne sera pas facile, mais si vous persévérez, vous êtes certain, un jour, d'atteindre le but.

Seul l'instant est éternel, dit la sagesse bouddhiste. Dans son ouvrage *Préceptes de vie*, Jean-Pierre Bourre cite le sage tibétain, Dugpa Rimpoché, qui dit qu'il n'y a ni commencement, ni fin du monde. « *L'univers est instantané. Il ne quitte jamais l'instant. Ne quittons jamais l'instant... L'instant n'a pas de limite. Si nous pouvions le vivre pleinement, nous saurions ce qu'est l'éternité, car le présent est éternel... Considère l'instant comme ta seule sécurité. Apprends à en découvrir les richesses, les potentialités. Il contient tout... Il est le cœur de ton propre cœur.* »

Cette idée de l'instant présent comme notre *vraie sécurité* est fascinante. Prenez un instant maintenant pour y réfléchir.

Vivre dans l'instant présent est à l'opposé d'une grande partie de la pensée de notre époque, qui présente en général l'amélioration de nos situations dans l'avenir, quand quelque chose de plus se sera produit (découverte de la partenaire idéale, d'un meilleur emploi, de l'atteinte de la retraite, etc.)

Dugpa Rimpoché rejoint Eckhart Tolle quand il note : « *Le stress, la fatigue, viennent de ton propre esprit qui vagabonde et s'épuise dans des jeux d'imagination. La pensée s'oriente toujours vers les regrets du passé ou vers les images d'un futur idéal imaginaire. Ce sont des fantasmagories qui n'amènent que souffrance et solitude car elles se déroulent dans des dimensions qui n'existent pas. Seul le présent est réel. Il est ta force de vie, à partir de laquelle tu peux entreprendre, construire et réaliser ta vie.* »

Dans une telle vision, TOUT EST MAINTENANT. Jésus ne disait rien d'autre quand, dans la parabole du Fils prodigue, s'adressant à tous les êtres humains, il affirmait : « *Mon enfant, tu es toujours avec moi [l'Amour inconditionnel infini] et tout ce que j'ai [la totalité du bien dans l'univers] est à toi [maintenant]* ». Ceci représente sans doute la promesse la plus étonnante jamais faite à notre race.

L'instant présent est vraiment le cadeau le plus précieux. Alors pourquoi le galvauder en vivant dans les regrets, la rancune, le remords et les chimères du passé, ou en courant après un avenir qui recule sans cesse : quand je serai à l'université, quand j'aurai mon premier job, quand je serai marié, quand j'aurai obtenu cette promotion, quand j'aurai mis assez d'argent de côté, quand les enfants seront partis, quand j'aurai atteint l'âge de la retraite, quand... Et on arrive à la retraite pour s'apercevoir que l'échelle qu'on a grimpée était posée contre... le mauvais mur. La vie est bien courte, surtout si on ne l'a jamais vécue pleinement !

Que voulons-nous vraiment ? De petites bribes de vie volées ici et là alors que nous courons sur le tapis roulant d'une société qui accélère sans cesse ; ou la vraie vie, pleine, joyeuse, qui déborde d'un contentement qui s'abreuve à une source intérieure toujours jaillissante, toujours fraîche, et qui ne tarit jamais ?

Je corresponds depuis sept ans avec un détenu noir américain, Roger W. McGowen, dont la correspondance vient de paraître : *Messages de vie du couloir de la mort.* Cet homme étonnant, dont le livre-phare est en train de bouleverser des centaines de vies à travers le monde, a trouvé cette source intérieure en enfer. En effet, il est en prison depuis 16 ans pour un crime qu'il n'a jamais commis (on en a la preuve). Et quelle prison : le couloir de la mort au Texas, un des pires qui existent ! Parlant d'un gardien qui se moquait de lui parce qu'il avait passé 10 minutes à regarder un oiseau, Roger ajoutait : « *Il ne réalise tout simplement pas quelle merveille c'est un oiseau, alors qu'il en voit tous les jours.* » Remplacez « oiseau » par « instant présent », et vous recevrez le message de Roger.

### ❸ *Vous êtes déjà complet*

Nous avons vu qu'une des causes principales de la frénésie temporelle de notre époque est que les gens veulent tout, tout de suite. Ils veulent « profiter » de tout ce que leur offre la société de consommation. Mais comme cette offre est pratiquement illimitée, ceux que j'appelle ailleurs les MADELI (**ma**rchands **de l'i**nutile) réussissent à les convaincre, dès qu'ils ont acheté quelque chose, qu'il existe un modèle plus récent encore mieux (ou une coupe qu'ils n'ont pas encore essayée, un pays qu'ils n'ont pas encore visité, etc.). L'insatisfaction est programmée ! Elle est dans les gênes du système comme l'illustre Nicolas Riou dans sa brillante analyse, *Pub Fiction*.

Mais nombre de grands enseignements spirituels nous disent que NOUS SOMMES DÉJÀ COMPLETS EN CET INSTANT. (Ici je pense plus particulièrement à un maître indien comme Ramana Maharshi ou, en Occident, à Mary Baker Eddy, la seule représentante d'un non-dualisme chrétien). La plénitude spirituelle, l'illumination, le Royaume, n'est pas quelque chose à découvrir à *l'extérieur* de nous, au sommet d'une quelconque montagne, mais elle attend simplement d'être découverte en nous.

Donc rien de ce que j'apprends, fais, explore, consomme, ajoute, possède, vis…, aucune action ne peut ajouter un iota à ce que JE SUIS dans mon identité spirituelle parfaite, qui est une réalité DÉJÀ PRÉSENTE. L'illumination vient d'un dépouillement, non de l'adjonction de quelque chose qui me manquerait. Et ce dépouillement ne peut se produire que dans la sérénité infinie de l'instant présent.

### ❹ *Apprendre à ne rien faire*

Quand nous parlons de ne rien faire, il ne s'agit bien sûr pas du farniente de celui qui est trop passif pour remuer ses méninges ou son corps. Il s'agit d'un des états les plus éveillés qui soit : celui de consciemment choisir de ne rien faire pour se laisser *être*.

Cet exercice est tout sauf facile dans une société qui a déifié le faire et l'avoir, mais il est extraordinairement bienfaisant. Ce maître de vie et grand sage qu'était Jésus disait : « *C'est le bon plaisir du Père [c'est-à-dire de l'Amour infini Mère qui gouverne l'univers] de vous donner le Royaume* » (ce dernier terme signifiant la plénitude de la paix, du contentement total et de la joie sans limite). Ce royaume intérieur que chacun porte déjà en soi n'est pas à mériter par de bonnes œuvres, des pèlerinages, des exercices spirituels complexes ou des jeûnes, c'est un don totalement gratuit de l'univers qui est le résultat de l'introspection et de la grâce.

Vous pouvez réaliser cette prise de conscience au milieu d'un pré, étendu dans l'herbe tendre, à consciemment jouir des nuages qui voguent paresseusement dans le ciel. Vous pouvez aussi le faire en position de méditation, assis par terre, jambes croisées, à répéter lentement JE SUIS, en vous pénétrant profondément du sens de ces deux mots. (C'est un des exercices de méditation les plus puissants qui existent.)

### ❺ *Créez vos « rappels » intérieurs*

Une personne qui gère consciemment et joyeusement son temps, au lieu d'être dévorée par lui, trouvera qu'il est utile de se créer de petits « rappels », voire de petits rituels qui l'aideront à sortir de la course d'obstacles. Laissez libre cours à votre merveilleuse créativité naturelle. Je partagerai deux exemples que je pratique moi-même.

À l'époque où j'étais une personne sans cesse stressée, j'avais l'habitude de traverser la chaussée en courant, même si le feu pour les piétons avait passé au rouge, profitant de la fraction de seconde avant le passage au vert des feux pour les automobilistes. (Chaque ville a ses cadences. Ceci n'est pas possible partout). Maintenant, je dis un MERCI silencieux pour le feu rouge et je l'utilise pour me « rebrancher » intérieurement.

J'apprends aussi à voir les arbres différemment – exercice que m'a appris Eckhart Tolle. L'arbre, dit-il, représente la présence du Non Manifeste et incarne, par sa stabilité, sa force tranquille, une Présence cosmique intemporelle. Il ne se hâte jamais, il est simplement là, à remplir sa fonction, qui est d'ÊTRE. De *sentir* cette dimension des arbres peut vous aider à vous recentrer.

Si vous êtes vraiment motivé, vous trouverez mille façons pour doucement apprivoiser votre temps et en faire un ami, au lieu de le subir en ennemi de votre bien-être. Devenez votre propre Petit Prince et accordez-vous, dix fois par jour, le temps de marcher tout tranquillement vers la fontaine cachée en vous, au lieu d'avaler la pilule du fabriquant de pilules (amères) pour gagner (tuer) le temps.

Une façon de marcher vers votre fontaine intérieure est la pratique bouddhiste de la méditation marchée. Il y a de nombreuses variantes de cet exercice. En voici une que vous pouvez pratiquer selon diverses variantes. Peut-être même inventerez-vous votre propre forme. Une fois de plus, la forme – comme un vase qui entoure une superbe orchidée – n'est jamais qu'un moyen, pas une fin en soi. Car l'essentiel de cette pratique consiste à ralentir la course effrénée du mental qui souvent emporte le corps dans sa course. Alors en ralentissant le corps, vous aidez à maîtriser le mental. Vous pouvez faire cet exercice en pleine rue comme en plein champ, mais il sera surtout productif si vous l'intégrez au quotidien. Il peut également être pratiqué le soir, avant de se coucher. Pour certains, il pourrait même remplacer avantageusement le somnifère de service.

Nous allons décrire les différentes étapes possibles de cette pratique. Vous pouvez choisir de n'en pratiquer qu'une ou deux, ou toutes, à vous de voir.

Tenez-vous bien droit. Prenez conscience de votre corps, sentez vos membres, vos muscles, prenez conscience de l'équilibre du corps. Sentez surtout le contact du sol sous vos pieds. Commencez à marcher plus lentement, en sentant la plante du pied qui se déroule lentement au contact du sol, en ayant conscience de l'équilibre merveilleux de votre corps en posture debout.

Prenez maintenant conscience de votre identité spirituelle ou « divine » (Je mets ce mot entre parenthèses ici car il prête si facilement à malentendu, selon l'idée que l'on a du divin). Vous êtes la création de Intelligence cosmique infinie qui a créé cet espace inouï qui s'appelle l'univers. Comme le dit la préface de l'ouvrage *Le pouvoir du moment présent*, « *vous êtes ici pour permettre à la mission divine de l'univers de se déployer. Voilà à quel point vous êtes important.* » Marchez comme la fille ou le fils de l'Être divin que vous êtes. Prenez conscience un instant de votre valeur infinie, réalisez que vous êtes au fond de vous-même un être unique dans le temps et l'espace : quoiqu'en pensent les généticiens matérialistes, vous n'aurez jamais de clone, car on ne peut cloner la conscience !

Puis une fois que vous avez intégré ces deux premières étapes, commencez à rythmer votre respiration sur vos pas, en comptant simplement 1,2,3… à l'inspiration, et la même chose : 1,2,3… à l'expiration. Souvent, l'expiration sera un peu plus longue que l'inspiration. Vous pouvez aussi répéter une brève phrase du type : « *J'inspire, je suis conscient d'inspirer* » (à l'inspiration) et « *J'expire, je suis conscient d'expirer* » (à l'expiration). Ou encore, vous pouvez utiliser un mantra (affirmation spirituelle très brève) comme par exemple : « *J'inspire l'amour, j'exhale l'amour* ».

La quatrième étape consiste à visualiser un symbole (un cœur, une fleur de lotus, une rose, une source d'eau…) qui apparaît sous chacun de vos pas, au moment où il quitte le sol.

On peut ajouter d'autres étapes, mais si vous pratiquez déjà celles-là bien, vous irez loin.

Une autre pratique de « rappel » (ou recentrage intérieur) consiste à faire tous les gestes au ralenti. Certaines personnes en font une pratique hebdomadaire d'une journée entière. Cela est difficilement praticable pour la plupart d'entre nous qui vivons des vies très occupées. Mais vous pouvez le faire sur une ou deux heures, voir cinq ou dix minutes même. Ce sera déjà efficace.

Quels que soient le geste que vous faites ou l'activité que vous entreprenez, vous les faites consciemment au ralenti. Il est très difficile au mental de maintenir sa course endiablée quand votre esprit est concentré sur des gestes au ralenti. Ainsi, à cette seconde même, en tapant ce texte, j'ai commencé à ralentir le rythme auquel je dactylographie. Cela exige un effort conscient de concentration, car normalement la dactylographie est quelque chose d'assez automatique. Même en amour, ceci peut-être une pratique merveilleuse, surtout pour les hommes qui semblent depuis la nuit des temps les éternels pressés dans ce domaine !

Une autre pratique très simple que j'ai apprise il y a de très nombreuses années de Lanza del Vasto, le fondateur de la Communauté de l'Arche au milieu du siècle passé, consiste à passer les paumes de ses mains trois fois très lentement sur le visage, avec la conscience que le haut du visage (le front) représente le mental, le milieu du visage les émotions, le bas du visage les sens. Vous pouvez aussi répéter en silence, à mesure que vos paumes descendent : « *Je bénis mon mental dans son calme... Je bénis mes émotions dans leur sérénité... Je bénis mes sens dans leur paix.* »

Une dernière suggestion pour meubler votre journée de « rappels » : respirer cinq fois, consciemment et lentement, avant de commencer toute nouvelle activité. Même au bureau, vous pouvez faire ceci très discrètement. En inspirant, vous pensez : « *J'inspire, je suis conscient d'inspirer* » et en expirant : « *J'expire, je suis conscient d'expirer* ».

### ❻ *S'aimer soi-même*

Ce point mentionné plus haut est d'une telle importance que je voudrais terminer ce petit ouvrage en y revenant brièvement. En effet, cela me semble la clé d'une autre gestion du temps.

Depuis de nombreuses années, je donne des stages sur l'image de soi et, comme déjà souligné, je suis toujours stupéfait de la fragilité de cette dernière dans notre culture judéo-chrétienne. (Je crois qu'il existe même un lien de cause à effet, relié aux mécanismes de culpabilisation extrême que cette culture a souvent engendré chez les gens.)

Le stress auquel tant de personnes se soumettent, consciemment ou inconsciemment, diminuerait de façon notable, voire disparaîtrait complètement, si elles apprenaient vraiment à s'aimer elles-mêmes, à s'apprécier à leur juste valeur. Car c'est finalement une forme très subtile de cruauté ou d'autopunition que de se forcer à tout le temps courir, à constamment se reprocher qu'on n'a pas réussi à terminer ce qu'on avait prévu d'accomplir dans la journée.

Trop de personnes confondent encore amour de soi avec égoïsme.

Or, les deux sont aux antipodes l'un de l'autre. L'égoïsme se caractérise par une attitude où le petit ego domine tout, où on ramène tout à soi, à ses intérêts. Cette attitude de « moi en premier » est un des pires ennemis du développement personnel et un des principaux obstacles au bonheur, qui est inatteignable quand on fait exclusion des autres.

Un amour de soi équilibré consiste, dans une vision non-dualiste de la vie, à vouloir le vrai bien de soi-même en harmonie avec le vrai bien d'autrui, les deux étant inséparables. Mais cela commence par soi-même. « *Aime ton prochain comme toi-même* » disait un des plus grands sages de l'humanité. Et cela commence avec soi, car, une fois de plus, on ne peut donner aux autres ce qu'on se refuse à soi-même.

S'aimer soi-même, cela signifie d'abord savoir se pardonner ses erreurs et ses fautes. Il y a une excellente pratique qui consiste, chaque soir, à passer en revue la journée pour voir ce qu'elle nous a enseigné. Profitez-en pour vous pardonner consciemment vos erreurs. Faites-le même à haute voix au début, cela aura plus d'impact.

S'aimer soi-même signifie être conscient de ses besoins profonds (à distinguer soigneusement des désirs) et de les honorer : besoin de beauté, d'exercice, de stimulation intellectuelle, de nourriture saine, de compagnonnage, de silence… à chacun ses besoins : respectez vos besoins et vous respecterez mieux ceux des autres.

S'aimer soi-même signifie avoir le courage de vivre ses propres valeurs, faire ses propres choix, et non ceux que voudraient nous imposer – parfois avec les meilleures intentions – le milieu familial ou professionnel, la religion, notre classe sociale et nos amis, etc.

Cette route peut parfois être accompagnée d'une grande solitude pour un temps, mais si on sait ce qu'on veut dans la vie, l'univers nous donnera toujours les moyens de nos choix.

Une des marques les plus élevées de l'amour de soi consiste à assumer la responsabilité totale de tout ce qui entre dans sa vie – au sens déjà défini de ce mot : être capable de répondre avec intelligence, créativité et amour à toute situation ou rencontre.

S'aimer soi-même consiste peut-être par-dessus tout à reconnaître la rare beauté qui est cachée en vous. Et si vous regimbez à cette idée, c'est que vous avez particulièrement besoin de le reconnaître ! Jamais, dans l'histoire de l'univers, il n'y aura une autre personne exactement comme vous. Cela fait de vous une personne extraordinairement précieuse. L'honorez-vous à sa juste valeur ? Comme l'écrit Eckhart Tolle sur la page de garde de son livre sur le moment présent : « *Vous êtes ici pour permettre à la mission divine de l'univers de se déployer. Voilà à quel point vous êtes important* ».

Et comment oublier, dans le cadre de ce petit livre, que s'aimer soi-même signifie prendre du temps pour soi, le temps d'une pause qui peut être d'une heure, de quelques jours, voire d'une année sabbatique pour faire le point, pour se ressourcer, pour simplement *être*.

Nous voici en fin de parcours, chère lectrice, cher lecteur. Puissent ces quelques lignes avoir entrouvert pour vous quelques lucarnes sur un autre vécu du temps, plus convivial, plus aimant à l'égard de vous-même, respectant mieux vos rythmes intérieurs et vos besoins.

**LE SEUL PAS QUI COMPTE**

**Votre voyage extérieur peut compter**
**un million de pas ;**
**votre voyage intérieur n'en compte**
**qu'un seul :**
**celui que vous prenez maintenant.**
**à mesure que vous devenez**
**plus profondément conscient**
**de ce pas unique,**
**vous réalisez qu'il contient en lui-même**
**tous les autres pas**
**aussi bien que votre destination.**

E. Tolle, *Le pouvoir du moment présent*

## BIBLIOGRAPHIE

Jacques Attali, *Histoires du temps*, Paris, Fayard, 1982

Jean-Pierre Bourre, *Préceptes de vie*, Paris, Presses du Châtelet, 1996

Deepak Chopra, *Un corps sans âge, un esprit immortel*, Paris, Interéditions, 1999

Joe Dominguez et Vicki Robin, *Votre vie ou votre argent*, Montréal, Editions Logiques, 1997

Michael Ende, *Momo ou la mystérieuse histoire des voleurs de temps et de l'enfant qui a rendu aux hommes le temps volé*, Paris, Stock, 1984 (à lire en priorité !)

James Gleick, *Faster*, New York, Pantheon, 1999

Jay Griffiths, *Pip Pip*, Londres, Flamingo, 1999

Bernard Leblanc-Halmos, *Où trouver le temps ?*, St. Armand de Coly, Éditions l'Être Image, s.d.

Roger W. Mc Gowen, *Messages de vie du couloir de la mort*, Genève, Éditions Jouvence, 2003 - Voir aussi son site internet : www.rogermcgowen.org

Thich Nhat Hanh, *La plénitude de l'instant*, Saint-Jean-de-Braye, Éditons Dangles, 1994

Pierre Pradervand, *Gérer mon argent dans la liberté*, Genève, Jouvence, 2004 - Du même, *Découvrir les vraies richesses*, même éditeur, 1996 ; *Vivre sa spiritualité au quotidien*, même éditeur, 1998 ; *La vie simple*, même éditeur, 1999

Paul H. Ray et Sherry R. Andersen, *Les créatifs culturels*, Barret-le-Bas, Yves Michel, 2001

Nicolas Riou, *Pub fiction*, Paris, Éditions d'Organisation, 2001

Jean-Louis Servan-Schreiber, *L'art du temps*, Paris, Fayard, 1983

Du même, *Le nouvel art du temps*, Paris, Albin Michel, 2000

Christiane Singer, *Où cours-tu ? Ne sais-tu pas que le ciel est en toi ?* Paris, Albin Michel, 2001

Eckhart Tolle, *Le pouvoir du moment présent*, Outremont, Québec, Éditions Ariane, 2000

## Les stages Vivre Autrement :

L'auteur de cet ouvrage organise, en été, à 2 100 m dans un vieux chalet restauré situé dans un décor exceptionnel des Alpes suisses, des stages de week-ends ou de six jours qui, depuis de nombreuses années, aident leurs participants à vivre de façon plus équilibrée et moins stressée des vies basées sur les vraies valeurs. Au printemps et en automne, ces stages sont offerts le week-end ou sur une journée à Lausanne.

**Stages de six jours** : Recréer sa vie ; Le bonheur peut-il s'apprendre ; Silence et pleine conscience ; Faire une pause pour mieux progresser. **Week-end** : Image de soi ; Plus jamais victime ; Pardonner le passé et lâcher prise ; Gérer mon argent dans la liberté ; Vivre sans culpabilité ; Vivre ma spiritualité au quotidien ; etc.

Ces stages ouvrent des pistes qui permettent à chacun d'amorcer ses propres réponses aux questions qu'il se pose.

Voir le programme sur le site :
**www.vivreautrement.ch**

Pour plus d'informations :
*Vivre Autrement*
3, boulevard James Fazy
CH-1201 Genève
Tél./fax : +41 22 731 88 39
Courriel : info@vivreautrement.ch
www.vivreautrement.ch

Achevé d'imprimer sur les presses de l'Imprimerie Darantiere à Dijon-Quetigny
en juillet 2010 - Dépôt légal : novembre 2004 - N° d'impression : 10-1001

*Imprimé en France*

Dans le cadre de sa politique de développement durable, l'imprimerie Darantiere a été référencée IMPRIM'VERT® par son organisme consulaire de tutelle. Cette marque garantit que l'imprimeur respecte un cycle complet de récupération et de traçabilité de l'ensemble de ses déchets.